El nuevo resurgir de la economía digital

Sr. Gonzalo Isidro Linares Amezcua
IA GENERATIVE API OPENAI

ISBN: 9798872059875

Sello: Independently published

ÍNDICE

En el umbral de una nueva era, el mundo es testigo de una transformación sin precedentes impulsada por las criptomonedas, el blockchain y la digitalización a gran escala. Estos avances están no solo redefiniendo la manera en que interactuamos con el valor monetario, sino también cómo lo creamos, almacenamos y transferimos. A medida que la sociedad avanza hacia una economía predominantemente digital, diversas reflexiones emergen respecto a estos cambios y su impacto en el entorno global.

La economía digital se sostiene sobre la premisa de la inmediatez y la descentralización, con las criptomonedas como sus estandartes. La tecnología blockchain, que es la base sobre la que se construyen las criptomonedas, ha probado ser una herramienta revolucionaria. Ofreciendo un registro inalterable y transparente de todas las transacciones, esta tecnología garantiza la seguridad y la confianza en un sistema que prescinde de intermediarios. De esta manera, se reduce significativamente la posibilidad de fraude y corrupción, aspectos que han socavado históricamente la integridad de las economías tradicionales.

La digitalización de la economía conduce a un horizonte donde todo activo o servicio puede ser tokenizado y, por tanto, comercializado a través de plataformas digitales. Esto significa que la propiedad de bienes inmuebles, obras de arte, derechos de autor y cualquier otro activo tangible o intangible puede ser fraccionada y distribuida en trozos digitales transables, abriendo así un abanico de oportunidades de inversión para un segmento mucho más amplio de la población.

El dinero electrónico ya no es una novedad, sino una realidad cotidiana. Las transacciones se realizan en segundos, y las barreras geográficas desaparecen al permitir la transferencia de valor de una punta del mundo a la otra con mínimas o nulas comisiones. Esto tiene el potencial no solo de aumentar la eficiencia económica, sino también de incluir a millones de personas que hasta ahora se encontraban al margen del sistema financiero tradicional.

Los bancos digitales surgen como una respuesta natural a la demanda de servicios financieros ágiles, personalizados y accesibles desde cualquier dispositivo con conexión a internet. Estas entidades no requieren de una estructura física tradicional y son capaces de ofrecer mejores tasas de interés y condiciones de servicio, gracias a sus reducidos costos operativos.

Sin embargo, a pesar del optimismo que generan estas innovaciones, no se debe pasar por alto los desafíos que conllevan. La seguridad cibernética se vuelve un tema crítico, ya que la concentración de riqueza en formatos digitales atrae a actores malintencionados en busca de explotar vulnerabilidades para su propio beneficio. Además, se plantea la cuestión de la brecha digital, pues hay que garantizar que el acceso a la economía digital esté disponible para todos, sin discriminar a aquellos que por razones geográficas, económicas o culturales se encuentren rezagados en términos de conectividad y alfabetización tecnológica.

Por otro lado, las implicancias regulatorias de una economía cada vez más virtualizada no son triviales. Los gobiernos y organismos supranacionales se ven en la tarea de comprender y legislar efectivamente este emergente panorama, protegiendo los derechos de los consumidores y asegurando la estabilidad del sistema financiero global sin inhibir la innovación y el crecimiento.

La adopción masiva de tecnologías disruptivas como el blockchain y las criptomonedas también genera reflexiones en torno a la naturaleza y el futuro del dinero. La viabilidad de un estándar monetario global descentralizado, ajeno al control y la política monetaria de los Estados, plantea cuestionamientos sobre cómo se gestionará la economía en una escala macro y qué herramientas tendrán a su disposición los formuladores de políticas para influir en el ciclo económico.

En conclusión, el resurgir de la economía digital abre un sinfín de posibilidades junto con una gama de desafíos complejos. Las criptomonedas y la tecnología blockchain están allanando el camino hacia un sistema financiero más abierto, inclusivo y eficiente, pero a su vez presentan interrogantes acerca de la seguridad, la regulación y la equidad que deben ser abordados con profundo entendimiento y prudencia. El futuro es, por tanto, una tela en blanco, y de la sabiduría colectiva dependerá el paisaje que se dibuje en ella.

El amanecer de una nueva era financiera
Con el surgimiento de las tecnologías blockchain y la creciente adopción de las criptomonedas, estamos presenciando el inicio de una revolución en el mundo financiero. Este cambio radical está transformando no solo la manera en que pensamos y utilizamos el dinero, sino también cómo se estructuran y operan

las instituciones financieras, los modelos de negocio y las economías a nivel global.

La economía digital ha abierto nuevas vías para la inclusión financiera, democratizando el acceso a servicios que previamente eran limitados a un sector privilegiado. Con la aparición de los bancos digitales, las aplicaciones de pago, las plataformas de financiamiento colectivo y las criptomonedas, hay una desconexión cada vez mayor entre el dinero físico tradicional y las nuevas formas de activos digitales.

El dinero electrónico no es un concepto nuevo; hemos visto su utilización desde la aparición de las tarjetas de crédito y débito, los sistemas de pago en línea y las transferencias electrónicas. Sin embargo, la llegada de las criptomonedas ha añadido un nivel adicional de complejidad y potencial al panorama financiero. Basadas en la tecnología blockchain, ofrecen una seguridad y transparencia aumentadas, eliminando la necesidad de intermediarios y permitiendo transacciones directas entre partes a cualquier hora y desde cualquier lugar del mundo.

Los bancos digitales, por otro lado, están redefiniendo la relación entre los consumidores y las instituciones financieras. Operando sin sucursales físicas, estos bancos ofrecen servicios completamente en línea, con menores costos y mayor eficiencia. Además, incorporan innovaciones como inteligencia artificial y análisis de datos para personalizar la experiencia del usuario y ofrecer productos y servicios adaptados a sus necesidades específicas.

La economía en internet también ha visto un crecimiento exponencial, con plataformas de comercio electrónico, mercados freelance y otros modelos de negocio que operan exclusivamente online. Este entorno digital ha facilitado un intercambio económico global, reduciendo barreras geográficas y temporales.

Sin embargo, con todas estas innovaciones vienen también desafíos. La regulación de las criptomonedas y los bancos digitales aún está en desarrollo, con diferentes jurisdicciones adoptando distintos enfoques. Los riesgos de seguridad cibernética y la volatilidad de los precios de las criptomonedas también plantean preocupaciones tanto para los usuarios como para los reguladores.

Asimismo, hay preguntas importantes acerca de la sostenibilidad y la ética de esta nueva economía digital. Por ejemplo, la minería de criptomonedas ha sido criticada por su alto consumo energético y su impacto ambiental. Además, el anonimato que ofrecen algunas criptomonedas ha levantado preocupaciones sobre su posible uso en actividades ilegales.

A pesar de estos desafíos, el potencial de la economía digital para fomentar la innovación y crear oportunidades económicas es inmenso. Estamos apenas en las etapas iniciales de lo que podría ser una verdadera transformación de los sistemas financieros y económicos.

En resumen, el amanecer de esta nueva era financiera trae consigo promesas y desafíos por igual. A medida que la tecnología avanza y se va integrando más en las prácticas cotidianas, es crucial que las partes interesadas - incluyendo gobiernos, empresas y consumidores - trabajen juntos para asegurar que la economía digital sea inclusiva, segura y sostenible. La visión de una economía global en la que cualquier persona pueda enviar y recibir pagos de manera eficiente y segura, sin las barreras tradicionales, es una perspectiva emocionante y llena de posibilidades. Con el adecuado equilibrio entre innovación y regulación, la economía digital podría ser la plataforma para un crecimiento económico sin precedentes en el siglo XXI.

El mundo financiero está cambiando a un ritmo acelerado, y lo que hace solo unos años parecía una posibilidad remota, hoy es una realidad palpable. A medida que avanzamos en esta nueva era, es importante mantenernos informados, ser conscientes de los riesgos y participar de manera activa en la configuración de lo que sin duda será una faceta clave de nuestro futuro económico y social. El amanecer de la nueva era financiera es, sin duda, un tiempo de grandes oportunidades y desafíos, marcando el comienzo de un capítulo emocionante en la historia de la economía mundial.

Introducción

En el resplandeciente horizonte del desarrollo económico contemporáneo, la llegada de la economía digital ha marcado el comienzo de una era sin precedentes. Con la irrupción y consolidación de las criptomonedas y la tecnología blockchain, hemos sido testigos de cómo el panorama financiero tradicional ha comenzado a transformarse, dando lugar a nuevas formas de transacción, inversión, ahorro y, en última instancia, de comprender el concepto de valor y riqueza.

La economía digital no es exclusivamente un fenómeno de intercambio pecuniario o monetario; es, más bien, una extensa esfera que abarca la digitalización de la totalidad de las actividades económicas: desde la producción y gestión hasta la distribución y consumo de bienes y servicios. En este nuevo escenario, el dinero electrónico se ha convertido en una pieza clave, facilitando operaciones comerciales rápidas, eficientes y a menudo menos costosas que las ofrecidas por el sistema bancario tradicional.

Considerando el dinero electrónico como un primer paso, los bancos digitales emergen como entidades financieras que operan sin sucursales físicas, ofreciendo sus servicios exclusivamente a través de plataformas digitales. Aquí, la tecnología permite una optimización del tiempo y una reducción de costes operativos, y el cliente adquiere un poder sin precedentes sobre la gestión de sus finanzas personales y empresariales.

La expansión de la economía en internet ha eliminado las barreras geográficas, permitiendo que personas y empresas de cualquier lugar del mundo puedan interactuar económica y financiera a velocidades y con niveles de seguridad inimaginables hace apenas dos décadas. Asimismo, la democratización del acceso a servicios y recursos financieros es una de las grandes promesas de la economía digital, contribuyendo a la inclusión financiera de sectores anteriormente marginados por el sistema financiero convencional.

Por otro lado, es imperativo resaltar el rol de las criptomonedas y la tecnología blockchain en este panorama emergente. Las criptomonedas, lideradas por el famoso Bitcoin, han introducido el concepto de descentralización, eliminando la necesidad de un intermediario confiable (como un banco) para realizar transacciones. La blockchain, la tecnología subyacente, proporciona una infraestructura segura y transparente que ha encontrado aplicaciones que van mucho más allá de lo financiero, tocando sectores como el legal, el de la salud y el de la cadena de suministros.

Las posibilidades que se despliegan ante nosotros con la digitalización de la economía son inmensas y multifacéticas. Estamos ante el desafío y la oportunidad de repensar y remodelar las estructuras económicas para adaptarnos a las demandas de un mundo cada vez más interconectado y digitalizado. A lo largo de este libro, exploraremos los diversos componentes y dimensiones de esta revolución digital, acercándonos a entender cómo la innovación tecnológica está redefiniendo los paradigmas económicos y qué podemos esperar en el futuro cercano.

En el transcurso de la lectura, nos adentraremos en el impacto que la economía digital está teniendo en los mercados financieros tradicionales, la regulación de estas nuevas herramientas y su aceptación tanto por parte de los consumidores como de las entidades gubernamentales. Discutiremos los desafíos y riesgos asociados con la transición a una economía predominantemente digital, incluyendo temas de seguridad cibernética, privacidad de datos y la brecha digital que aún prevalece en ciertas áreas del mundo.

El nuevo resurgir de la economía digital es mucho más que una evolución; es una revolución que está redefiniendo la forma en que vivimos, interactuamos y prosperamos en la sociedad contemporánea. Te invitamos a sumergirte en este viaje de descubrimiento y comprensión a medida que desentrañamos los entresijos de este fenómeno que está configurando el futuro de nuestra economía global.

El nuevo resurgir de la economía digital ha sido una transformación radical que ha replanteado los fundamentos sobre los que se sostenía el sistema financiero global. En el corazón de este fenómeno, se encuentra el auge de las criptomonedas y la tecnología blockchain, pilares fundamentales de una era marcada por la descentralización y la digitalización de activos.

A lo largo de la última década, hemos sido testigos de la emergencia de las criptomonedas como forma alternativa de dinero, cuyo valor no está respaldado por ninguna entidad centralizada, sino que se derive de los participantes dentro de su ecosistema. Las criptomonedas no son solo medios de intercambio; representan también una propuesta de autonomía financiera y una nueva filosofía económica que desafía los métodos convencionales de transacciones monetarias.

El blockchain, la tecnología subyacente en la cual las criptomonedas están basadas, ha demostrado ser una herramienta disruptiva más allá del ámbito financiero. Su esencia radica en un registro distribuido, inmutable y seguro, una base de datos que permite transacciones sin la necesidad de intermediarios como bancos o gobiernos. Esto significa que cada operación o cambio queda registrado inequívocamente, promoviendo así una transparencia y seguridad sin precedentes. La posibilidad de crear contratos inteligentes, acuerdos autoejecutables que operan basados en parámetros predeterminados, ha abierto nuevas avenidas para que las transacciones económicas y legales se realicen con mayor eficacia y menor necesidad de confianza entre las partes.

Las criptomonedas comenzaron su andadura con Bitcoin, la primera y más conocida de todas, introducida en 2009 por una persona o grupo de personas bajo el pseudónimo de Satoshi Nakamoto. Bitcoin ofreció por primera vez la posibilidad de realizar transacciones de persona a persona, sin la presencia de una autoridad central que verificase y garantizase esas operaciones. A medida que su uso se ha ido expandiendo, Bitcoin se ha convertido en un activo de inversión y especulación, mas no sin sus controversias y volatilidades.

El ámbito de las criptomonedas se ha expandido rápidamente con la creación de miles de alternativas a Bitcoin, conocidas como altcoins, cada una con sus características y propósitos específicos. Entre ellas, Ethereum ha ocupado, por su flexibilidad y su arquitectura orientada a contratos inteligentes, un lugar preponderante. Junto a estas, otras monedas como Ripple (XRP), Litecoin (LTC) y recientemente Cardano (ADA) o Polkadot (DOT), se han consolidado en el mercado, cada una aportando su solución a problemas específicos del universo cripto.

La digitalización de la economía, amparada en estas tecnologías, ha traído consigo el surgimiento de los llamados bancos digitales o neobancos. Estas entidades buscan romper con la banca tradicional mediante plataformas completamente online, ofreciendo servicios financieros optimizados, reducción de costes operativos y una experiencia de usuario centrada en la tecnología móvil y la personalización. Estos neobancos aprovechan al máximo la capacidad de almacenar y procesar grandes cantidades de datos para ofrecer servicios innovadores y personalizados, como la gestión de finanzas personales y el acceso a criptomonedas.

No obstante, la economía en internet respaldada por las criptomonedas y el blockchain no está exenta de desafíos. La volatilidad de los precios de las criptomonedas, los problemas de regulación y la resistencia de las instituciones tradicionales plantean cuestiones que aún están siendo resueltas. Además, existe una preocupación creciente por la sostenibilidad y el impacto medioambiental de la minería de criptomonedas, un proceso que exige una cantidad significativa de energía eléctrica.

El dinero electrónico ha avanzado significativamente con las criptomonedas, pero se expande más allá, con la implementación de monedas digitales respaldadas por bancos centrales, o CBDCs (Central Bank Digital Currencies, por sus siglas en inglés). Estas monedas representan la versión digital de una moneda fiduciaria y están diseñadas para combinar la eficiencia de las criptomonedas con la estabilidad de las monedas tradicionales emitidas y supervisadas por los gobiernos.

En conclusión, la entrada de las criptomonedas y la tecnología blockchain en la esfera económica ha sido un parteaguas, cimentando las bases para una reconfiguración de cómo se perciben y manejan las finanzas. El potencial de estos avances para democratizar el acceso a los servicios financieros es inmenso, ofreciendo a la vez desafíos y oportunidades para la construcción de un nuevo panorama económico global que sea más inclusivo, eficiente y resiliente. La manera en que las sociedades y los gobiernos se adapten a estos cambios determinará el futuro de la economía digital y su capacidad para impulsar el desarrollo y la prosperidad en el mundo conectado de hoy.

El nuevo resurgir de la economía digital

Con la irrupción de la tecnología blockchain y las criptomonedas en el escenario mundial, hemos sido testigos de un cambio paradigmático en la manera en que entendemos la economía. Esta revolución digital ha traído consigo una serie de implicaciones y desarrollos que están redefiniendo el concepto de dinero, las transacciones financieras y la interacción con los sistemas bancarios tradicionales.

La economía digital se refiere al vasto conjunto de procesos económicos y financieros que se realizan utilizando tecnologías digitales, particularmente a través de Internet. En este contexto, el uso del dinero digital y los activos digitales se ha vuelto cada vez más común, y su impacto es innegable. La facilidad de transacciones a través de fronteras, la reducción de costos de operación y la promesa de democratización del acceso a los servicios financieros son solo algunas de las ventajas que nos ofrecen estas tecnologías emergentes.

El contexto tecnológico de las criptomonedas tiene sus raíces en el concepto de blockchain, una tecnología de contabilidad distribuida que garantiza la seguridad, la transparencia y la inmutabilidad de los datos. Una blockchain es, esencialmente, un registro público de transacciones que está distribuido a través de una red de computadoras. Cada bloque de información se enlaza con el anterior y el siguiente mediante complejos algoritmos, haciendo prácticamente imposible la alteración de la información sin que sea detectado por la red.

Este sistema ha encontrado su aplicación más famosa en la forma de criptomonedas como el Bitcoin, pero sus posibilidades van mucho más allá. Las aplicaciones de la blockchain están siendo exploradas en campos tan diversos como la logística, el derecho, la administración pública y por supuesto, las finanzas.

La digitalización de la economía implica también la existencia de dinero electrónico, también conocido como e-money. Este término se refiere a cualquier valor monetario almacenado de manera electrónica y que actúa como medio de pago en las transacciones. El dinero electrónico puede existir en diversas formas, desde las tarjetas de débito y crédito convencionales hasta monederos electrónicos y plataformas de pago en línea.

Por su parte, los bancos digitales o neobancos son entidades financieras que operan exclusivamente en línea sin sucursales físicas, lo que facilita la gestión de las finanzas personales y empresariales a través de computadoras y dispositivos móviles. Con servicios como la apertura de cuentas en línea, transferencias instantáneas y herramientas automáticas de ahorro e inversión, los bancos digitales están redefiniendo las interacciones con los clientes y la prestación de servicios financieros.

La discusión sobre la economía en internet no estaría completa sin mencionar los sistemas de pagos y transacciones en línea, que se han acelerado con la globalización y han encontrado en la actual pandemia un catalizador para su crecimiento exponencial. La capacidad de realizar pagos instantáneos a cualquier parte del mundo, sin las limitaciones de los horarios bancarios tradicionales o la necesidad de intermediarios, está transformando las operaciones comerciales y personales.

En este complejo ecosistema, tanto consumidores como empresas deben entender los fundamentos básicos para poder operar con seguridad y eficiencia. La comprensión detallada de cómo la tecnología blockchain funciona, qué son las criptomonedas y cómo se transan, las diferencias entre monedas virtuales y dinero electrónico, las características de los bancos digitales y las plataformas de pagos en línea son esenciales para navegar con éxito en la economía digital.

Para comenzar a entender estos principios, es importante primero desmitificar la idea de que la blockchain y las criptomonedas son solo para expertos en tecnología. Si bien es verdad que el funcionamiento subyacente es complejo y está basado en principios de criptografía avanzada, la utilización práctica de estas tecnologías está al alcance de cualquier usuario.

Las criptomonedas son formas de moneda digital, diseñadas para funcionar como un medio de intercambio a través de una red de ordenadores. No están administradas por ninguna autoridad central, como un banco o un gobierno, lo que las diferencia drásticamente de las monedas fiduciarias tradicionales. En su lugar, las criptomonedas operan en una red descentralizada utilizando la tecnología blockchain, una base de datos distribuida que registra todas las transacciones de manera segura, transparente y permanente.

El término "criptomoneda" proviene de la técnica de encriptación que se utiliza para asegurar la red. Estas técnicas criptográficas protegen las transacciones, controlan la creación de nuevas unidades y verifican la transferencia de activos. Bitcoin, creado en 2009 por una persona o grupo de personas bajo el seudónimo de Satoshi Nakamoto, fue la primera criptomonedas y sigue siendo la más conocida y utilizada. Desde entonces, han surgido miles de alternativas, conocidas como altcoins, como Ethereum, Ripple, Litecoin y muchas otras.

Una de las características más importantes de las criptomonedas es el uso de la tecnología blockchain. Un blockchain es esencialmente un libro de contabilidad digital en donde se registran todas las transacciones de criptomonedas, y este es mantenido y actualizado por un red de ordenadores, también conocidos como nodos. Cada bloque del blockchain contiene una lista de transacciones, y una vez que un bloque se completa, se le añade a la cadena en un orden cronológico. Esta estructura asegura que una vez que una transacción se ha registrado, no puede ser alterada, lo que proporciona un nivel de seguridad y confianza sin precedentes en el mundo digital.

Con el advenimiento de las criptomonedas, hemos sido testigos de la transformación del concepto de dinero y de cómo se llevan a cabo las transacciones financieras. La digitalización de la economía es un proceso que ha estado en marcha desde hace décadas, pero que ha acelerado con la llegada del dinero electrónico. Este proceso se caracteriza por el paso de los sistemas de pago en efectivo y las transacciones físicas a sistemas completamente electrónicos. Las tarjetas de crédito y débito fueron el comienzo; sin embargo, las criptomonedas han llevado esta digitalización a un nivel completamente nuevo al permitir pagos globales rápidos y sin la necesidad de intermediarios.

Otro factor que ha contribuido al resurgir de la economía digital con las criptomonedas es el desarrollo de los bancos digitales. Estos son diferentes de los bancos tradicionales en que ofrecen servicios financieros principalmente a través de plataformas online o móviles, sin sucursales físicas. La banca digital ha abierto la puerta a empresas financieras tecnológicas, conocidas como fintech, que están replanteando los servicios bancarios y de pagos, ofreciendo soluciones más ágiles y eficientes que los sistemas bancarios tradicionales. Muchas fintech han adoptado las criptomonedas como parte de sus servicios, permitiendo a los usuarios tener cuentas denominadas en criptomonedas o realizar operaciones de cambio entre monedas fiat y criptomonedas.

Este auge de la economía en internet ha sido posible gracias a la confluencia de varios factores tecnológicos y sociales. Por un lado, el acceso a internet de alta velocidad se ha expandido significativamente, permitiendo a más personas de todo el mundo participar en la economía digital. Por otro lado, la adopción de dispositivos móviles inteligentes también ha aumentado, lo que facilita transacciones y accesos financieros desde cualquier lugar y en cualquier momento. Estos desarrollos han creado un caldo de cultivo ideal para que las criptomonedas florezcan.

Las criptomonedas han democratizado el acceso a los servicios financieros, permitiendo a individuos sin cuentas bancarias o que viven en países con sistemas financieros inestables o altamente inflacionarios, tener control de sus propios recursos financieros. La capacidad de enviar y recibir pagos con criptomonedas a cualquier parte del mundo, de manera rápida y con tarifas generalmente más bajas que las de las transferencias bancarias internacionales, representa una revolución en las remesas y las transferencias de fondos.

Sin embargo, con este nuevo resurgir económico digital también emergen retos significativos. La volatilidad de las criptomonedas es una preocupación constante, ya que los precios pueden fluctuar enormemente en cortos periodos de tiempo. Esto puede hacer que su uso como medio de ahorro o como moneda de intercambio sea arriesgado para el usuario promedio. Además, el anonimato y la falta de una autoridad central que regule las criptomonedas han levantado preocupaciones sobre su uso en actividades ilegales, como el lavado de dinero y la financiación del terrorismo.

En conclusión, las criptomonedas han emergido como una fuerza disruptiva en la economía digital, ofreciendo nuevas formas de intercambiar valor y acceder a servicios financieros. A medida que continuamos testigos del desarrollo y la maduración de este espacio, seguimos descubriendo tanto sus posibilidades como sus desafíos. La tarea que tiene por delante la sociedad y los reguladores es cómo integrar esta tecnología innovadora de forma segura y equitativa en el sistema financiero global, asegurando que su potencial sea aprovechado al máximo en beneficio de todos.

La tecnología blockchain, también conocida como la cadena de bloques, es el pilar fundamental sobre el cual reposan las criptomonedas y una gran variedad de aplicaciones digitales. Su importancia radica en la capacidad que tiene de proporcionar un registro inmutable y distribuido de transacciones, lo que implica un cambio de paradigma en el modo en que almacenamos y transferimos valores y datos a través de Internet.

La blockchain funciona como un libro contable digital donde cada página de este libro se puede considerar como un "bloque" de transacciones. Cada bloque está conectado de manera criptográfica al bloque anterior, formando una "cadena". Esta conexión entre bloques asegura que una vez que se registra una transacción, cambiarla sin alterar todos los bloques subsecuentes es prácticamente imposible. La secuencia encadenada de bloques hace que el registro sea resistente a la manipulación y a la falsificación, lo que genera una robusta estructura de datos que posee seguridad y fiabilidad.

Una de las características más distintivas de la cadena de bloques es su naturaleza descentralizada. En lugar de estar alojada en un solo servidor o ubicación, se distribuye entre una red de computadoras, conocidas como nodos, que pueden estar dispersas geográficamente. Cada nodo posee una copia del libro contable, y cuando se efectúa una transacción, los nodos la validan mediante algoritmos de consenso antes de que se incluya en un nuevo bloque. Algunos sistemas de blockchain utilizan la prueba de trabajo (Proof of Work, PoW), que implica resolver complejos acertijos matemáticos, mientras que otros sistemas pueden utilizar métodos como la prueba de participación (Proof of Stake, PoS) que se basan en la participación o posesión de una cantidad determinada de la criptomoneda de la red.

Estos algoritmos de consenso son fundamentales porque aseguran que todos los nodos estén de acuerdo en el estado actual del libro contable, impidiendo así que se realicen gastos dobles o se falsifiquen transacciones. Una vez que un bloque es validado por la red, se agrega a la cadena y la información que contiene se vuelve inalterable. Esto significa que, para modificar un registro, un atacante tendría que alterar el bloque específico y todos los bloques posteriores, en una mayoría de los nodos de la red, una tarea casi imposible dada la cantidad de recursos computacionales requeridos.

En el contexto de las criptomonedas, la blockchain no solo asegura la validez de una transacción de moneda digital, sino que también tiene el potencial de automatizar acuerdos o contratos a través de lo que se conoce como contratos inteligentes (smart contracts). Estos son programas que se ejecutan automáticamente cuando se cumplen condiciones predefinidas, sin necesidad de intermediarios, lo que abre la puerta a una amplia gama de aplicaciones más allá de las transacciones financieras, como la gestión de identidad digital, cadenas de suministro, votaciones electrónicas, entre otros.

La digitalización de la economía a través de blockchain representa una forma más eficiente y segura de llevar a cabo transacciones comerciales y financieras a nivel global. Los bancos digitales, las plataformas de pago y otros servicios financieros están integrando cada vez más soluciones basadas en cadenas de bloques, aprovechando su capacidad para automatizar procesos, reducir costos operativos y proporcionar un nivel superior de seguridad.

Mientras las criptomonedas y la blockchain continúan madurando, la economía digital se expande y adapta, dando lugar a nuevas oportunidades y desafíos. La tecnología blockchain, por su diseño intrínseco, fomenta la transparencia y la confianza, elementos esenciales para el funcionamiento eficiente de los mercados digitales. En consecuencia, su adopción está llevando a la economía global hacia un estado más resiliente y democratizado, donde personas y entidades pueden interactuar en un sistema económico abierto y seguro sin la necesidad de terceros de confianza.

El nacimiento del mercado de criptomonedas está íntimamente ligado a la historia del Bitcoin, la primera criptomoneda descentralizada. Fue en 2008 cuando una persona, o grupo de personas, bajo el seudónimo de Satoshi Nakamoto publicó el artículo técnico "Bitcoin: A Peer-to-Peer Electronic Cash System", que proponía un sistema de dinero electrónico que no dependiera de ninguna entidad centralizada para su gestión y transferencia. El eje de este sistema era la tecnología blockchain, un libro contable distribuido y encriptado que garantizaba la autenticidad y la irreversibilidad de cada transacción.

En enero de 2009, Nakamoto implementó el software de Bitcoin y creó los primeros bloques de la cadena, llamado el bloque génesis. Desde ese momento, el Bitcoin comenzó a funcionar y a ser minado por los usuarios que se unieron a la red. Sin embargo, durante sus primeros años, Bitcoin no tenía un valor de mercado significativo y solo era empleado por una pequeña comunidad de entusiastas de criptografía y tecnología. Se cuenta que la primera transacción comercial utilizando Bitcoin fue la compra de dos pizzas por 10,000 BTC.

A medida que una comunidad más amplia comenzó a descubrir el potencial del Bitcoin para realizar transferencias de valor sin intermediarios y con tarifas mínimas, su popularidad comenzó a incrementar. Esto llevó a la creación de múltiples plataformas de intercambio, lo que permitía a los usuarios comprar y vender Bitcoin usando distintas monedas fiduciarias. La aparición de estas primeras casas de cambio de criptomonedas, aunque primitivas en términos de seguridad y regulación, marcaron el inicio del mercado de criptomonedas como hoy lo conocemos.

La evolución del mercado de criptomonedas ha estado marcada por una sucesión de altibajos, con períodos de gran especulación seguidos de ajustes de precios y regulaciones gubernamentales. El valor del Bitcoin y otras criptomonedas ha sido altamente volátil, llamando la atención no solo de inversores y especuladores, sino también de reguladores y legisladores alrededor del mundo.

Pero el mercado de criptomonedas no se quedó con el Bitcoin. El lanzamiento de altcoins (criptomonedas alternativas) amplió las posibilidades del mercado. Un hito fundamental fue la creación de Ethereum en 2015, que introdujo contratos inteligentes programables en la cadena de bloques, permitiendo no solo transacciones, sino la ejecución descentralizada de aplicaciones conocidas como dApps.

A lo largo de los años, la industrialización de la minería, la proliferación de nuevas monedas con diferentes características y propósitos y el surgimiento de los tokens no fungibles (NFTs) han diversificado el ecosistema y atraído a una variedad de participantes, incluidos desarrolladores, inversores institucionales y reguladores financieros.

La adopción de las criptomonedas por parte de compañías de alto perfil y la inclusión de estas en servicios financieros tradicionales son indicadores de su creciente legitimación. Incluso, se ha debatido su potencial para actuar como refugio seguro en épocas de incertidumbre económica, aunque esta naturaleza está todavía en discusión debido a la naturaleza volátil de sus precios.

En términos más recientes, la entrada de los bancos digitales y las monedas digitales de banco central (CBDCs) han comenzado a modificar la infraestructura financiera tradicional, forzando un diálogo entre la innovación tecnológica y la necesidad de regulación para proteger a los consumidores y mantener la estabilidad financiera.

El dinero electrónico y los mecanismos de pago digital se han acelerado debido a la conveniencia y eficiencia que proporcionan, hallando un terreno fértil para su desarrollo en la economía moderna de internet. La digitalización de la economía ha transformado no solo cómo concebimos y utilizamos el dinero, sino también cómo funcionan los mercados, cómo se llevan a cabo los intercambios comerciales y cómo se trazan las políticas macroeconómicas.

Con los cambios continuos y a veces disruptivos en el ecosistema financiero, el mercado de criptomonedas sigue evolucionando. Las discusiones sobre privacidad, seguridad, escalabilidad y regulación se encuentran en el centro de esta evolución, mientras que el desarrollo técnico continúa ofreciendo nuevas propuestas y retos.

A día de hoy, la industria de la criptomoneda continúa enfrentando desafíos, entre ellos la adopción masiva, la escalabilidad de las redes y la sostenibilidad energética de la minería de criptomonedas. Sin embargo, a pesar de estos desafíos, el mercado sigue madurando, con un número creciente de desarrollos que apuntan a la creación de una infraestructura más robusta y amigable con el usuario.

El nuevo resurgir de la economía digital es, en gran parte, una narrativa de cómo las criptomonedas y la tecnología blockchain tienen el potencial no solo para redefinir el dinero y las transacciones financieras, sino también para posibilitar nuevas formas de organización social y económica que eran impensables en la era predigital.

Primeros pasos en el mundo cripto

Adentrarse en el ecosistema de las criptomonedas y la tecnología blockchain puede parecer intimidante al principio. Con la aparición de nuevos términos, tecnologías emergentes y la constante evolución de las plataformas digitales, es importante tener una guía sólida para comprender los fundamentos y empezar a navegar con seguridad en este nuevo entorno.

Para empezar, es esencial comprender qué es una criptomoneda. En su esencia, las criptomonedas son monedas digitales que utilizan criptografía para controlar la creación de nuevas unidades y para asegurar y verificar la transferencia de fondos operando independientemente de un banco central. Su naturaleza descentralizada es la que les da uno de sus mayores atractivos, prometiendo una mayor libertad y control para los usuarios sobre su dinero.

La tecnología subyacente que hace posible las criptomonedas es la blockchain, o cadena de bloques. En su forma más sencilla, una blockchain es un registro público digitalizado y descentralizado que contiene la historia de todas las transacciones realizadas con una criptomoneda en particular. Esta cadena de bloques es mantenida por una red de nodos, que pueden ser cualquier computadora que participa en el protocolo de la criptomoneda, aplicando un consenso algorítmico para validar y confiar en cada transacción.

Es importante destacar que el mundo cripto no es solo Bitcoin, aunque esta fue la primera criptomoneda y sigue siendo por mucho la más conocida y con mayor capitalización de mercado. Desde la introducción de Bitcoin, han surgido miles de alternativas, conocidas como altcoins (monedas alternativas), cada una con sus propias peculiaridades y propuestas de valor. Entre las más destacadas encontramos Ethereum, Ripple (XRP), Litecoin, Cardano y muchas otras que han ganado tracción por sus innovaciones tecnológicas o por la comunidad que las respalda.

El primer paso para cualquier individuo interesado en entrar al mundo cripto es la creación de una billetera digital, también conocida como wallet. Estos son programas o servicios que permiten a los usuarios recibir, almacenar y enviar criptomonedas. Existen varios tipos de billeteras, que van desde aplicaciones en línea hasta dispositivos de hardware dedicados que ofrecen diferentes niveles de seguridad y conveniencia.

Con la billetera listada, el siguiente paso sería adquirir criptomonedas. Esto puede realizarse a través de varias vías, siendo las más comunes los intercambios o exchanges y las operaciones de persona a persona. Los exchanges son plataformas que permiten el intercambio de criptomonedas por otras criptomonedas o por monedas fiduciarias, como el dólar o el euro. Algunos ejemplos de exchanges incluyen Coinbase, Binance, y Kraken.

Para los menos aversos al riesgo y que prefieren procedimientos más tradicionales, los bancos digitales y servicios financieros han comenzado a ofrecer la posibilidad de interactuar con criptomonedas, ya sea permitiendo la compra y venta o ofreciendo productos financieros que las incluyen.

Mientras te familiarizas con la compra y venta de criptomonedas y la gestión de tu billetera digital, es absolutamente crucial que también entiendas las implicaciones de seguridad. La industria cripto no está exenta de riesgos, como el robo de fondos debido a ataques de hackers, estafas y la pérdida de acceso a tus criptomonedas debido a olvidos de claves o fallos técnicos. Por ello, es importante aprender sobre prácticas de seguridad robustas como el uso de autenticación de dos factores, el almacenamiento en frío de las inversiones más significativas y la realización constante de respaldos seguros.

Al mismo tiempo, la comprensión del entorno normativo y legal que rodea a las criptomonedas se vuelve indispensable, ya que éste varía enormemente entre distintas jurisdicciones y está en constante evolución. El cumplimiento de las leyes y regulaciones aplicables en materia de impuestos, reportes financieros y medidas contra el lavado de dinero es fundamental para operar de manera responsable en el espacio cripto.

Otro aspecto a considerar es la volatilidad del mercado de criptomonedas. Las fluctuaciones en los precios pueden ser extremadamente pronunciadas y rápidas, lo que puede resultar en altos niveles de incertidumbre y riesgo para los inversores. Por lo tanto, la educación financiera y el entendimiento de los riesgos asociados son vitales para tomar decisiones de inversión informadas.

La digitalización de la economía a través de la adopción de monedas digitales y la infraestructura blockchain presenta un paisaje vasto de oportunidades para los emprendedores, las empresas y los consumidores. Desde las aplicaciones descentralizadas (dApps) hasta la tokenización de activos y el financiamiento colectivo por medio de ofertas iniciales de monedas (ICOs), las posibilidades son tan amplias como la propia imaginación. La convergencia de estas tecnologías está dando pie a modelos de negocio inéditos y a la redefinición de industrias enteras.

En conclusión, los primeros pasos en el mundo cripto requieren una curva de aprendizaje que incluye entender los conceptos básicos, establecer prácticas seguras y formular un marco de referencia legal mientras se explora este nuevo mundo de posibilidades económicas y financieras. Con el conocimiento y las herramientas adecuadas, cualquiera puede participar y potencialmente beneficiarse del nuevo resurgir de la economía digital.

El acto de adquirir tu primera criptomoneda representa una iniciativa audaz en el mundo de las finanzas digitales. No solamente significa poseer una fracción de una tecnología emergente, sino también, participar en el rediseño de la economía global. Con el surgimiento del dinero electrónico, los bancos digitales y la infraestructura blockchain, los mecanismos para entrar en el ecosistema cripto son más accesibles que nunca.

Para comenzar en este viaje hacia la adquisición de tu primera criptomoneda, es esencial comprender los fundamentos de lo que estás comprando. Las criptomonedas son activos digitales diseñados para funcionar como un medio de intercambio. Utilizan la criptografía para asegurar y verificar transacciones, así como para controlar la creación de nuevas unidades de la criptomoneda. Bitcoin fue la primera criptomoneda, lanzada en 2009, y desde entonces han surgido miles de alternativas, cada una con sus particularidades y propósitos.

Es importante resaltar que el mercado de criptomonedas puede ser volátil y especulativo, por lo que una educación sólida es fundamental antes de hacer cualquier inversión. Aquí te guiamos a través de los pasos para adquirir tu primera criptomoneda de manera segura y consciente.

Investigación y educación : Antes de sumergirte en la compra de criptomonedas, debes educarte sobre el tema. Esto incluye comprender cómo funciona la tecnología blockchain, las diferencias entre las principales criptomonedas del mercado, y los riesgos y beneficios de la inversión en criptoactivos. Existen numerosos recursos en línea, desde artículos y blogs hasta tutoriales en video y cursos, que pueden proporcionarte el conocimiento necesario para empezar.

Selección de una Criptomoneda : Con una gran variedad de criptomonedas disponibles, elegir en cuál invertir puede ser abrumador. Es prudente comenzar con criptomonedas de renombre y ampliamente aceptadas como Bitcoin, Ethereum o Litecoin, ya que suelen ser más estables y cuentan con una mayor adopción. Considera los proyectos detrás de las monedas, su propuesta de valor, y su potencial a largo plazo.

Elección de una Cartera Digital : Antes de poder comprar criptomonedas, necesitas un lugar para almacenarlas. Esto se logra a través de una cartera digital o wallet. Existen diferentes tipos de carteras, incluidas las carteras de software que se pueden instalar en tu computadora o teléfono móvil, y las carteras de hardware que son dispositivos físicos diseñados específicamente para almacenar criptomonedas de forma segura. Es importante seleccionar una cartera que compatibilice con la criptomoneda que deseas adquirir y que ofrezca un balance adecuado entre facilidad de uso y seguridad.

Seleccionar una Plataforma de Intercambio : Para comprar criptomonedas, necesitarás utilizar una plataforma de intercambio o exchange. Hay muchas opciones disponibles, desde intercambios globales como Binance y Coinbase hasta plataformas locales que se adaptan a mercados específicos. Al elegir un intercambio, considera aspectos como la seguridad, los tipos de criptomonedas ofrecidas, las comisiones por transacción, y la facilidad de uso del sitio web o la aplicación.

Verificación y Registro : Las plataformas de intercambio suelen requerir un proceso de verificación de identidad para cumplir con las regulaciones contra el lavado de dinero. Este proceso, conocido como KYC (Know Your Customer), solicitará información personal y documentos identificativos como un pasaporte o una licencia de conducir. Una vez verificado, podrás registrarte oficialmente y crear una cuenta en la plataforma.

Financiamiento y Compra : Con tu cuenta ya constituida, el siguiente paso es depositar fondos. Las plataformas de intercambio suelen aceptar transferencias bancarias, tarjetas de crédito y, en algunos casos, otras criptomonedas. Una vez hayas financiado tu cuenta, puedes proceder a la compra de la criptomoneda seleccionada usando el dinero disponible. Será esencial monitorizar el mercado para encontrar un buen momento para hacer la adquisición, aunque para los principiantes a menudo es recomendable una estrategia de inversión gradual para mitigar la volatilidad.

Trasferencia a la Cartera Personal : Después de comprar la criptomoneda, la mayoría de los usuarios optan por transferirla desde la plataforma de intercambio a su cartera personal. Esto se hace por motivos de seguridad, ya que aunque las plataformas de intercambio suelen ser seguras, mantener tus activos en tu propio wallet minimiza el riesgo de robo o hackeo. La transferencia de criptomonedas a tu cartera implica una tarifa, la cual varía dependiendo de la criptomoneda y de la carga actual de la red blockchain. Este es un paso crítico para tener un control absoluto sobre tus activos.

Mantenimiento y Seguridad : Una vez poseedor de criptomonedas, es imperativo que te tomes la seguridad en serio. Esto significa mantener tu software de cartera actualizado, utilizar contraseñas robustas y multifactor de autenticación, y considerar el uso de una cartera de hardware para almacenamiento a largo plazo. Además, es importante mantenerse informado sobre las tendencias del mercado y las actualizaciones en el ecosistema de las criptomonedas para tomar decisiones informadas en cuanto a la gestión de tus inversiones.

Este es un resumen de los pasos clave que debes seguir para adquirir tu primera criptomoneda. Con cada paso, profundizarás más en el mundo del dinero electrónico y la economía en internet, asegurando un lugar en el nuevo resurgir de la economía digital. En capítulos posteriores, continuaremos explorando cómo estas herramientas tecnológicas cambian la forma en que interactuamos con el dinero y cómo podemos maximizar su potencial para beneficio personal y colectivo.

Elección de un monedero digital seguro
Una decisión crítica en el ámbito de la economía digital es la elección de un monedero digital seguro. Un monedero digital, también conocido como wallet, es un software o hardware diseñado para almacenar y gestionar las claves criptográficas de los usuarios, que permiten acceder y realizar transacciones con criptomonedas. La seguridad de estas criptomonedas depende en gran medida de la integridad y funcionalidad del monedero elegido.

Al elegir un monedero digital, es crucial considerar varios factores que garantizarán la seguridad y la confiabilidad de las operaciones. Estos factores abarcan desde el tipo de monedero hasta las características individuales que cada oferta mantiene.

A continuación, se detallan aspectos fundamentales que deben tenerse en cuenta al seleccionar un monedero digital.

Tipos de Monederos Digitales

Primero, es importante comprender los distintos tipos de monederos digitales disponibles:

- Monederos de Software : Son aplicaciones que se instalan en dispositivos como ordenadores o smartphones. Estos suelen ser convenientes para el acceso diario a las criptomonedas, pero la seguridad depende en gran medida de la seguridad del dispositivo host y el comportamiento del usuario.

- Monederos de Hardware : Dispositivos físicos diseñados para almacenar claves privadas de manera segura fuera de línea. Proporcionan una mayor seguridad al aislar las claves criptográficas del acceso en línea y por lo tanto, de los ataques cibernéticos.

- Monederos de Papel : Implica la impresión de las claves privadas y públicas en un pedazo de papel, que luego se almacena en un lugar seguro. Mientras no haya acceso físico a este papel, las criptomonedas están seguras. No obstante, la pérdida o destrucción del papel representa un riesgo significativo.

- Monederos Online o en la Nube : Están alojados en la web y son accesibles desde cualquier dispositivo con conexión a Internet. Ofrecen comodidad, pero pueden ser más vulnerables a los hackeos y requieren una confianza significativa en el proveedor del servicio.

Seguridad de Monederos Digitales

Para garantizar la seguridad en el uso de un monedero digital, es imprescindible tener en cuenta los siguientes aspectos:

- Cifrado de Fondo a Fondo : Busca monederos que ofrezcan encriptación robusta a nivel de software, protegiendo así la información de transacciones y claves privadas.

- Código Abierto y Revisado : Prefiere monederos con código fuente abierto y que han sido auditados. Esto asegura que expertos independientes han revisado el código del monedero para identificar y corregir vulnerabilidades potenciales.

- Autenticación de Dos Factores (2FA) : Opta por un monedero que ofrezca 2FA, lo cual añade una capa adicional de seguridad al requerir no sólo la contraseña, sino también un segundo método de verificación, como un mensaje de texto o una aplicación de autenticación.

- Backup y Recuperación : Asegúrate de que el monedero digital ofrezca un método claro y seguro para realizar copias de seguridad y recuperar tus activos en caso de pérdida o falla del dispositivo.

- Actualizaciones Regulares : Un buen monedero digital debe ofrecer actualizaciones periódicas para abordar cualquier problema de seguridad y agregar mejoras.

- Reseñas y Reputación de la Comunidad : Investiga lo que otros usuarios y expertos dicen sobre el monedero. La reputación de un monedero en la comunidad puede ser un buen indicador de su fiabilidad y seguridad.

- Compatibilidad Multimoneda y Funciones Adicionales : Considera si necesitas un monedero que soporte múltiples criptomonedas y qué otras funciones podrían ser valiosas para ti, como la capacidad de cambiar fácilmente entre activos digitales o la integración con plataformas de intercambio.

Mejores Prácticas de Seguridad

Además de seleccionar un monedero digital confiable y seguro, es esencial adoptar prácticas de seguridad personales robustas:

- Mantén el software de tu monedero siempre actualizado.

- Usa contraseñas fuertes y únicas, y cámbialas periódicamente.

- No compartas tus claves privadas con nadie ni las almacenes en lugares inseguros en línea.

- Considera el uso de una cartera fría (cold wallet) para almacenar grandes cantidades de criptodivisas.

- Mantente informado sobre las últimas tácticas de phishing y otras formas de fraude en línea, y aprende a identificarlas.

En resumen, la elección de un monedero digital seguro es un paso fundamental para cualquier usuario de criptomonedas. Exige una consideración cuidadosa de los diversos factores de seguridad y funcionalidad. A través de una combinación de tecnología adecuada, prácticas rigurosas de seguridad y una vigilancia constante, los participantes en la economía digital pueden proteger eficazmente sus activos digitales y contribuir al resurgir de una economía más abierta y descentralizada.

El nuevo resurgir de la economía digital

La comprensión del mercado financiero digital es esencial para navegar a través de sus aguas a menudo turbulentas y aprovechar las oportunidades que presenta. En este contexto, la oferta, la demanda y la volatilidad son conceptos fundamentales que permiten a inversores y agentes económicos interpretar correctamente el comportamiento de la economía en un entorno tecnológico en constante evolución.

La Oferta y Demanda en el Mercado de Criptomonedas

El principio básico de la oferta y la demanda es universal y fácilmente transferible al reino de las criptodivisas. La oferta se refiere a la cantidad de criptomonedas que los mineros están dispuestos a vender o que ya están en circulación, mientras que la demanda es la cantidad que los compradores están dispuestos a adquirir. La interacción de estos factores determina el precio del activo digital.

En el caso de las criptomonedas, la oferta a menudo tiene un límite máximo, como se evidencia en la estructura de Bitcoin, que tiene una oferta máxima de 21 millones de monedas. Esta limitación de oferta está diseñada para imitar la escasez de los recursos naturales, lo que en teoría debería ayudar a mantener su valor a lo largo del tiempo.

Por otro lado, la demanda de criptomonedas se ve influenciada por una variedad de factores, como la adopción por parte de comerciantes y consumidores, la regulación gubernamental, la cobertura mediática, la innovación tecnológica y el sentimiento general del mercado. A medida que aumenta la aceptación de las criptomonedas en las transacciones económicas diarias y los sistemas de pago, su demanda tiende a aumentar, lo que teóricamente debería incrementar su valor.

Volatilidad en los Mercados de Criptomonedas

La volatilidad refleja la frecuencia y la magnitud de los cambios de precio en un activo específico, siendo un elemento distintivo en el mundo de las criptomonedas. La volatilidad puede ser causada por factores técnicos internos, como la ejecución de grandes transacciones o la liberación de nuevas monedas, así como por influencias externas como los cambios regulativos, los desarrollos económicos globales o incluso las declaraciones de figuras influyentes en los medios sociales.

Los mercados de criptomonedas son particularmente susceptibles a la volatilidad debido a su relativa novedad, la falta de un valor intrínseco claramente definido y una base de inversores que a menudo actúa bajo expectativas de alta rentabilidad a corto plazo. Además, la inclusión de inversores minoristas en la mezcla, a menudo menos informados que los inversores institucionales, puede exacerbar las reacciones emocionales al mercado, aumentando así la volatilidad.

Las secuelas de los movimientos de precios pueden ser significativas. Por ejemplo, la volatilidad puede hacer que los activos digitales sean menos atractivos para su uso en transacciones comerciales regulares, ya que tanto vendedores como compradores pueden ser reacios a aceptar un medio de intercambio que podría cambiar drásticamente su valor en cuestión de horas.

Digitalización de la Economía y el Dinero Electrónico

A medida que avanzamos en la digitalización de la economía, el dinero electrónico se ha convertido en un actor protagonista. Los pagos digitales permiten transacciones más rápidas y seguras, y la entrada de los bancos digitales en el escenario financiero es un testimonio del cambio de paradigma desde los sistemas bancarios tradicionales hacia plataformas tecnológicamente avanzadas y centradas en el cliente. Los bancos digitales ofrecen servicios sin sucursales físicas, proporcionando comodidad y eficiencia gracias a la tecnología móvil y de internet. Estas instituciones funcionan en el paradigma del dinero electrónico, que no tiene existencia física y se maneja completamente en el entorno digital.

Esta transición a un ecosistema digital requiere una comprensión detallada de los mercados en los que operan las criptomonedas y el dinero electrónico. En el próximo capítulo, exploraremos cómo los agentes económicos pueden capitalizar las nuevas oportunidades que la economía digital ofrece mientras se protegen de los riesgos inherentes a esta nueva forma de hacer negocios.

La economía en internet se está convirtiendo rápidamente en la columna vertebral de la economía global, con criptomonedas y blockchain como algunas de las herramientas que posibilitan este cambio. Sin embargo, para que los actores económicos puedan beneficiarse plenamente del potencial de estos desarrollos, es primordial que comprendan la dinámica del mercado: cómo funciona la oferta y la demanda en este nuevo contexto y qué factores influyen en la volatilidad de estas nuevas clases de activos.

En este sentido, la educación financiera y la adopción de una perspectiva a largo plazo pueden ser esenciales para mitigar los efectos de esta volatilidad y para asegurar que tanto inversores como usuarios regulares puedan navegar con éxito en el vibrante e innovador mundo de la economía digital. Con esta comprensión, tanto individuos como empresas pueden posicionarse para aprovechar las ventajas que surge con el nuevo resurgir de la economía digital.

Invertir en criptomonedas
El creciente interés por las criptomonedas no es un simple capricho del destino o una moda pasajera. Las implicaciones de esta nueva forma de entender el dinero y las transacciones financieras son profundas y, en muchos casos, aún no se han explorado en su totalidad. La inversión en criptomonedas, en particular, ha demostrado ser un campo fértil tanto para los inversores individuales como para las grandes instituciones financieras. Para comprender mejor cómo invertir en criptomonedas y el impacto que esto puede tener en la economía digital, es esencial profundizar en las características y peculiaridades de este mercado.

El mercado de las criptomonedas ha experimentado un crecimiento exponencial desde la creación del Bitcoin en 2009. Bitcoin, la primera criptomoneda, introdujo un sistema de efectivo electrónico peer-to-peer que permitía transacciones directas entre usuarios sin la necesidad de intermediarios como bancos o gobiernos. Esta idea revolucionaria sentó las bases para el desarrollo de una economía digital descentralizada, y así surgieron cientos de criptomonedas, cada una con sus propias propuestas de valor y casos de uso.

Las criptomonedas funcionan utilizando una tecnología llamada blockchain, que es un libro de contabilidad distribuido y descentralizado. Esta tecnología garantiza la seguridad, la transparencia y la inmutabilidad de las transacciones, ya que cada bloque en la cadena contiene una serie de transacciones que son verificadas por la red y luego son irreversibles una vez que se ha alcanzado un consenso. La naturaleza descentralizada del blockchain elimina puntos únicos de fallo y reduce significativamente las posibilidades de fraude y manipulación.

La digitalización de la economía y la aparición de formas electrónicas de dinero han cambiado las reglas del juego en el sector financiero. La tecnología blockchain, al respaldar las criptomonedas, permite transacciones sin fricción a nivel global, las cuales son especialmente útiles en un mundo cada vez más interconectado. Además, ofrece una alternativa a los sistemas de dinero fiat tradicionales, cuya estabilidad puede verse amenazada por la inflación y las políticas monetarias de los estados-nación.

El dinero electrónico y las criptomonedas tienen varias ventajas: son accesibles desde cualquier lugar del mundo con conexión a internet, permiten una gran velocidad en el procesamiento de transacciones y reducen los costos asociados con los métodos de pago tradicionales. Esto las hace especialmente atractivas para remesas, pagos internacionales y para aquellos que no tienen acceso a la banca tradicional.

Los bancos digitales y otras instituciones financieras también han comenzado a adoptar criptomonedas y tecnología blockchain, bien sea creando sus propios tokens o integrando criptomonedas existentes en sus servicios. Esta adopción incrementa la legitimidad de las criptomonedas y amplía su alcance a una base de clientes más tradicional e institucional.

En este contexto, invertir en criptomonedas se ha convertido en una opción de inversión legítima y con potencial de altos retornos. Sin embargo, las criptomonedas son activos altamente volátiles y especulativos. Su precio puede ser influenciado por factores tales como desarrollos tecnológicos, actualizaciones en los protocolos, regulaciones gubernamentales, sentimientos del mercado y comportamientos de los inversores.

Es crucial que los inversores que deciden entrar en el mercado de las criptomonedas estén bien informados y entiendan los riesgos involucrados. Es recomendable diversificar la cartera, no invertir más de lo que uno puede permitirse perder y realizar una investigación exhaustiva sobre las criptomonedas en las que se desea invertir. Además, se debe considerar la seguridad de los activos, optando por carteras o wallets frías para almacenar criptomonedas a largo plazo y evitando mantener grandes cantidades en exchanges o carteras en línea por cuestiones de seguridad.

La elección de la criptomoneda en la que invertir puede basarse en varios criterios. Algunos inversores pueden preferir proyectos con una propuesta sólida, un equipo experimentado tras el proyecto, y una comunidad de seguidores activa y creciente. Otros pueden centrarse en el aspecto tecnológico, como la escalabilidad, el consenso y la interoperabilidad. También es importante tener en cuenta la liquidez del activo, es decir, lo fácil que es comprar o vender la criptomoneda sin afectar su precio.

El nuevo resurgir de la economía digital
Estrategias de Inversión a Corto y Largo Plazo
En el contexto del dinamismo que aportan las criptomonedas, la digitalización de la economía, el dinero electrónico y los bancos digitales, es fundamental comprender las estrategias de inversión que pueden optimizar la rentabilidad y minimizar los riesgos asociados con la economía en internet. Este capítulo cubrirá las estrategias de inversión tanto a corto como a largo plazo, proporcionando una guía para navegar las olas de la economía digital.
Las criptomonedas y la tecnología blockchain han emergido como activos de inversión con gran volatilidad pero, al mismo tiempo, con potencial de rendimiento sustancial. Al invertir en estas tecnologías, es crucial diferenciar entre estrategias de inversión a corto y largo plazo, ya que cada enfoque tiene sus propios riesgos y beneficios.
Inversión a Corto Plazo:
La inversión a corto plazo en el ámbito de la economía digital implica comprar y vender activos dentro de un corto período, que podría ser de días, semanas o algunos meses. La meta principal de esta estrategia es capitalizar sobre fluctuaciones de precios al corto plazo. Aquí se presentan algunas estrategias de corto plazo:
1. Day Trading: Esta técnica consiste en realizar varias operaciones dentro de un mismo día. El day trader busca obtener ganancias de los movimientos diarios de precios y cerrar todas las posiciones antes del final del día de negociación, evitando así el riesgo de

movimientos de precios no previstos durante la noche.

2. Swing Trading: Los swing traders mantienen sus activos por un período más largo que un day trader, potencialmente durante semanas o un par de meses, para capitalizar sobre los movimientos de tendencia. Esta estrategia requiere un análisis técnico y fundamental para identificar oportunidades de mercado, y a menudo se realiza en base a patrones de gráficos o indicadores económicos.

3. Arbitraje: El arbitraje implica la explotación de las diferencias de precios de un mismo activo entre mercados. En la economía digital, se puede aplicar comprando criptomonedas en una plataforma a un precio bajo y vendiéndolas en otra a un precio más alto.

4. Scalping: Es una estrategia que se centra en realizar un gran número de operaciones que generan pequeñas ganancias individuales. Se basa en la premisa de que las pequeñas ganancias frecuentes pueden sumar un retorno significativo. Los scalpers aprovechan pequeñas ineficiencias del mercado y requieren una ejecución rápida de operaciones, lo que a menudo se facilita por el uso de algoritmos y trading automatizado.

Inversión a Largo Plazo:

Las estrategias de inversión a largo plazo en la economía digital se fundamentan en la comprensión del valor subyacente y la proyección futura de las tecnologías que respaldan los activos digitales. Aquí, los inversores buscan un crecimiento sostenido de sus inversiones durante años o incluso décadas. Algunas estrategias a largo plazo son:

1. HODLing: Originario de un error tipográfico de "holding", este término se ha convertido en la jerga de criptomonedas para comprar y mantener un activo a largo plazo, independientemente de las fluctuaciones de precios. Se basa en la creencia de que, a pesar de la volatilidad, el activo tendrá un valor mucho mayor en el futuro.

2. Inversión en Valor: Similar a la estrategia de inversión de valor tradicional, se centra en buscar criptomonedas que se perciban como infravaloradas por el mercado. La inversión en valor en el espacio digital implica un profundo análisis del proyecto de criptomoneda, incluyendo su caso de uso, la solidez de su tecnología blockchain, el equipo detrás del proyecto y la comunidad que lo respalda.

3. Construcción de un portafolio diversificado: Considerando la naturaleza emergente y volátil de los activos digitales, construir un portafolio diversificado es vital para la inversión a largo plazo. Una cartera diversificada podría incluir una mezcla de criptomonedas líderes como Bitcoin y Ethereum, junto con altcoins prometedoras y tokens de proyectos con sólidos fundamentos y casos de uso prácticos.

4. Participación en staking y financiación de proyectos: Algunas criptomonedas permiten a los inversionistas obtener ganancias a través del staking, que implica mantener cierta cantidad de monedas en una wallet para soportar la red y recibir recompensas a cambio. Además, los inversores a largo plazo pueden financiar proyectos y startups en la economía digital que prometan innovación disruptiva y crecimiento a largo plazo.

Tanto las estrategias a corto como a largo plazo en la economía digital requieren no solo un conocimiento técnico de cómo funcionan las criptomonedas y la tecnología blockchain, sino también una comprensión del mercado y la capacidad de adaptarse a su constante evolución. Con la implementación adecuada de estas estrategias y una gestión de riesgos efectiva, los inversores podrán aprovechar al máximo el nuevo resurgir de la economía digital.

El análisis técnico y fundamental son dos enfoques cruciales que los inversores y analistas utilizan para valorar los activos en los mercados financieros. Aunque estos métodos se aplican ampliamente a las acciones y otros valores tradicionales, también son cada vez más relevantes en el ámbito de las criptomonedas y la economía digital. Al entender cómo se aplican al entorno de dinero electrónico y bancos digitales, incluso los principiantes pueden tomar decisiones de inversión más informadas.

Análisis Técnico

El análisis técnico se centra en el estudio de los precios de mercado y los patrones de comportamiento históricos para predecir la dirección futura de los precios. En el contexto de la economía digital, el análisis técnico a menudo se aplica a las criptomonedas, utilizando una variedad de gráficos e indicadores para identificar tendencias y señales comerciales.

Comprender los Gráficos: Las herramientas más básicas del análisis técnico son los gráficos de precios. Estos gráficos pueden presentarse de varias formas, como gráficos de líneas, barras o velas japonesas. Las velas japonesas son particularmente populares en los mercados de criptomonedas debido a la cantidad de información que proporcionan sobre el precio de apertura, el cierre, el máximo y el mínimo en un intervalo de tiempo.

Identificar Tendencias: La premisa del análisis técnico es que los precios se mueven en tendencias. Los analistas buscan patrones como líneas de tendencia, soportes y resistencias. Una línea de tendencia alcista se dibuja conectando los mínimos ascendentes, mientras que una tendencia bajista se traza conectando los máximos descendentes. Los niveles de soporte y resistencia indican donde los precios tienden a encontrar un piso o un techo.

Indicadores Técnicos: Existen numerosos indicadores técnicos que los analistas utilizan para complementar el análisis de tendencias. Algunos de estos indicadores son el Índice de Fuerza Relativa (RSI), las medias móviles (MA), el MACD y el Fibonacci retracement. Estos indicadores ayudan a confirmar las tendencias y a identificar posibles puntos de entrada y salida.

Análisis Fundamental

Mientras que el análisis técnico se centra en el precio y el volumen, el análisis fundamental examina los factores económicos, financieros y otros factores cualitativos que pueden afectar el valor intrínseco de un activo digital. Esta aproximación es más compleja en el contexto de la economía digital, ya que muchos de los activos, como las criptomonedas, son relativamente nuevos y tienen fundamentos diferentes a los activos tradicionales.

Valor Intrínseco: El objetivo del análisis fundamental es determinar el valor intrínseco de un activo digital. Esto implica una comprensión profunda de la tecnología blockchain subyacente, el modelo de negocio de los bancos digitales o el emisor de una moneda electrónica y los factores macroeconómicos que pueden afectar la demanda del activo.

Adopción y Utilidad: La adopción por parte de los usuarios y la utilidad percibida de una criptomoneda son fundamentales para evaluar su potencial a largo plazo. Las monedas digitales con casos de uso sólidos y una creciente base de usuarios tienen más posibilidades de incrementar su valor con el tiempo.

Regulación y Competencia: Los factores externos, como los cambios en la regulación y la competencia en el mercado de criptomonedas, pueden tener un impacto significativo en el valor de un activo digital. Es esencial mantenerse informado sobre las noticias y desarrollos regulatorios, así como sobre el surgimiento de nuevas tecnologías y competidores.

En el panorama de la economía digital, el conocimiento y análisis de estos factores no es solo relevante para los inversores y analistas. También es crucial para los participantes del mercado, incluyendo desarrolladores de tecnología blockchain, los proveedores de servicios financieros electrónicos y los bancos digitales que buscan comprender mejor el ecosistema y posicionar sus productos y servicios estratégicamente.

Finalmente, aunque estos análisis proporcionan métodos sistemáticos para evaluar la economía digital, siempre es esencial recordar que las inversiones en activos digitales conllevan un nivel de riesgo. Por lo que se recomienda que principiantes e inversores procedan con precaución y consideren buscar asesoramiento financiero profesional.

Gestión de Riesgos y Diversificación de Cartera

En la evolución de la economía digital, uno de los temas más críticos para los inversores y participantes del mercado es la gestión de riesgos y la diversificación de cartera. Las nuevas tecnologías de criptomonedas y blockchain, junto con la creciente prevalencia de los bancos digitales y el dinero electrónico, han redefinido las estrategias de inversión y las tácticas de protección del capital.

La gestión de riesgos consiste en identificar, evaluar y priorizar los riesgos a los que se enfrenta una inversión para aplicar los recursos necesarios que minimicen, controlen o eliminen el impacto de eventos negativos sin frenar la potencial rentabilidad. En la economía digital, los riesgos varían desde la volatilidad del mercado y la seguridad cibernética hasta cambios regulatorios y la liquidez del mercado.

Los activos digitales, como las criptomonedas, presentan un nuevo conjunto de desafíos en la gestión de riesgos debido a su volatilidad intrínseca y su naturaleza emergente. Las técnicas de gestión de riesgos tradicionales pueden no ser suficientes o directamente aplicables a este nuevo paisaje financiero. Por lo tanto, es esencial adaptar y desarrollar nuevas estrategias que tengan en cuenta estos cambios.

Una técnica efectiva para la gestión de riesgos en la economía digital es la diversificación de cartera. Esta estrategia implica invertir en una variedad de activos para reducir la exposición a los riesgos de cualquier inversión individual. La diversificación puede suceder en diferentes niveles:

1. Diversificación de activos: Invertir en una mezcla de criptomonedas, valores digitales, empresas de tecnología financiera (fintech) y otras ofertas digitales

reduce la dependencia del rendimiento de una sola criptomoneda o tecnología.

2. Diversificación geográfica: La economía digital es global, por ende, invertir en mercados y jurisdicciones diferentes puede proteger contra cambios regulatorios adversos o problemas económicos en una sola región.

3. Diversificación temporal: Distribuir las inversiones a lo largo del tiempo, conocido como "dollar cost averaging", puede proteger contra la volatilidad a corto plazo y es particularmente útil en mercados con alta incertidumbre.

4. Diversificación por estrategias de inversión: Combinar estrategias de inversión pasivas y activas, como holding a largo plazo y trading diario, puede balancear las oportunidades de ganancia rápida con la estabilidad a largo plazo.

Sin embargo, la diversificación lleva sus propias complejidades en la economía digital. La correlación entre distintos activos digitales puede ser alta, lo que significa que la caída de un mercado puede afectar a otro de manera similar. Además, el carácter innovador y disruptivo de las tecnologías emergentes puede dificultar la evaluación de riesgos a largo plazo. Por lo tanto, es esencial mantenerse informado y actualizar continuamente las estrategias de diversificación con las últimas tendencias y datos del mercado.

En ambos casos, la utilización de herramientas tecnológicas para la gestión de riesgos se ha vuelto fundamental. Los softwares de análisis y simulación de cartera, así como los algoritmos de trading, pueden ayudar a los inversores a hacer seguimiento de sus inversiones y responder rápidamente a los cambios del mercado. La tecnología blockchain misma ofrece ventajas en la gestión de riesgos, como la transparencia y la inmutabilidad de los registros, lo que facilita el seguimiento del movimiento y la custodia de activos.

La inteligencia artificial y el aprendizaje automático están también desempeñando un papel cada vez más importante en la predicción de riesgos y la identificación de oportunidades de inversión en la economía digital. Estas tecnologías están permitiendo el desarrollo de modelos predictivos avanzados que pueden superar a las evaluaciones humanas en velocidad y precisión.

Un aspecto crítico de la gestión de riesgos es la importancia del conocimiento y la educación continua. Los inversores que entienden mejor los activos en los que invierten y están al tanto de las tendencias y desarrollos recientes tienen una ventaja significativa a la hora de mitigar los riesgos. Esto requiere dedicación y un aprendizaje constante, especialmente en una industria tan rápidamente cambiante como la tecnología financiera.

La gestión de riesgos y la diversificación de cartera en la economía digital son procesos dinámicos que requieren un enfoque proactivo y adaptable. A medida que el sector continúa madurando y evolucionando, también lo harán las estrategias para proteger y hacer crecer el capital en este emocionante y desafiante nuevo dominio financiero. Las oportunidades son enormes, pero vienen acompañadas de una necesidad igualmente grande de una gestión de riesgos prudente y bien informada.

Introducción al trading de criptomonedas

El trading de criptomonedas ha surgido como una de las facetas más intrigantes y dinámicas del panorama económico digital. Esta nueva forma de comercio electrónico se apalanca en las tecnologías de blockchain, brindando a los inversores una plataforma descentralizada, transparente y segura para la compra, venta e intercambio de activos digitales. A diferencia de las monedas tradicionales, las criptomonedas son inmunes a las políticas gubernamentales y a la influencia de los bancos centrales, otorgando a los operadores un mayor control sobre sus inversiones.

El trading de criptomonedas se realiza en plataformas especializadas conocidas como exchanges o casas de cambio digitales. Estos mercados funcionan las 24 horas del día, los 7 días de la semana, lo que permite a los operadores participar en la compra y venta de criptoactivos en cualquier momento. La volatilidad inherente a este tipo de activos ofrece oportunidades de rentabilidad significativas, aunque también conlleva un riesgo considerable.

Para comprender mejor el trading de criptomonedas, es esencial familiarizarse con algunos conceptos clave. En primer lugar, el blockchain es la tecnología subyacente que posibilita la existencia de las criptomonedas. Se trata de un libro de contabilidad distribuido que registra todas las transacciones de una criptomoneda de manera inmutable. Cada bloque en la cadena contiene una serie de transacciones, y una vez que un bloque se ha completado, se añade al "chain" de bloques anteriores.

El trading de criptomonedas implica la especulación sobre el movimiento de precios de estos activos. Los traders pueden adoptar posiciones largas, esperando que el precio de una criptomoneda aumente, o posiciones cortas, anticipando una disminución en su valor. Para tomar decisiones informadas, los operadores deben realizar análisis técnicos y fundamentales. El análisis técnico se refiere al estudio de patrones de gráficos, tendencias históricas de precios y diversos indicadores matemáticos. Por otro lado, el análisis fundamental se enfoca en factores externos como noticias, eventos económicos y desarrollos tecnológicos que podrían afectar el valor de una criptomoneda.

Uno de los atractivos del trading de criptomonedas es el apalancamiento, una herramienta que permite a los traders operar con una cantidad de capital superior al saldo de su cuenta, aumentando así su poder de compra y su potencial de beneficios. Sin embargo, el uso del apalancamiento también incrementa el riesgo de pérdida.

La digitalización de la economía ha llevado a la aparición de los bancos digitales, entidades completamente en línea que ofrecen servicios financieros tradicionales y han comenzado a integrar criptoactivos en sus ofertas, proporcionando a los consumidores formas más directas de interactuar con el mercado de criptomonedas sin necesidad de intermediarios tradicionales.

El protagonismo del dinero electrónico en el trading de criptomonedas es indiscutible. Con la capacidad de ser transferido electrónicamente con rapidez y eficiencia, ha revolucionado la manera en que realizamos transacciones, permitiendo a los usuarios mover fondos entre cuentas de trading de manera casi instantánea. La infraestructura de pagos se ha beneficiado enormemente de las tecnologías de criptomonedas, logrando una sinergia que optimiza las transacciones transfronterizas y reduce los costes asociados a las mismas.

La economía en internet ha encontrado en las criptomonedas una aliada para su expansión. Con el auge del comercio electrónico, la demanda de métodos de pago digitales seguros y confiables ha crecido exponencialmente. Las criptomonedas, al no estar atadas a una localidad geográfica y ser resistentes a la censura, presentan ventajas significativas sobre los medios de pago convencionales.

En la vanguardia de esta revolución económica digital, el trading de criptomonedas no solo ha capturado la atención de individuos, sino también de instituciones y empresas que ven en estos activos digitales un mecanismo viable para la diversificación de sus carteras de inversión. Con el advenimiento de productos derivados como futuros y opciones de criptomonedas, se ha abierto la puerta a estrategias de cobertura y a la participación de inversores institucionales en el mercado.

Sin embargo, los operadores deben ser cautelosos y estar bien informados antes de aventurarse en el trading de criptomonedas. La regulación en este espacio es todavía un terreno en evolución, y las variaciones en las leyes de diferentes jurisdicciones pueden influir directamente en el acceso a ciertos mercados y tipos de operaciones. Además, la naturaleza digital de las criptomonedas las hace susceptibles a ataques cibernéticos, por lo que la seguridad en el trading y la custodia de activos es de suma importancia.

El trading de criptomonedas, como parte integral de la economía digital, ha demostrado ser una fuerza revolucionaria en la forma en que entendemos y participamos en los mercados financieros. A medida que la tecnología continúa madurando y se afianza la confianza de los participantes del mercado, es probable que veamos un crecimiento sostenido y una integración aún más profunda de las criptomonedas en el tejido de la economía global.

Herramientas y Plataformas para el Trading
El paisaje del trading ha experimentado una transformación dramática en el último par de décadas, gracias a la confluencia de la tecnología blockchain, criptomonedas y la digitalización de servicios financieros. Estos avances han democratizado el acceso a los mercados de capitales y han abierto nuevas avenidas para la especulación y la inversión. Analicemos las herramientas y plataformas más relevantes en el ámbito del trading digital.
La importancia del trading en la economía digital no puede ser subestimada. Es una actividad que no solo permite a los inversionistas individuales y corporativos obtener ganancias, sino que también contribuye a la formación de precios y la liquidez en los mercados mundiales. Esto, a su vez, genera diversas oportunidades económicas y es un componente clave en el engranaje de la economía moderna.
Plataformas de Trading de Criptomonedas
Estas plataformas son el corazón palpitante del comercio de criptoactivos. Proporcionan una infraestructura para comprar, vender e intercambiar criptomonedas como Bitcoin, Ethereum, y miles de

altcoins en crecimiento. Cada plataforma varía en términos de interfaz de usuario, tarifas de transacción, mecanismos de seguridad, y los activos disponibles para negociar. Algunas de las plataformas más conocidas incluyen:

1. Binance: Ofrece uno de los mayores volúmenes de comercio a nivel global. Su interfaz es amigable tanto para traders novatos como experimentados, y su ecosistema incluye opciones de futuros y margen de trading.

2. Coinbase: Destacada por su facilidad de uso y fuerte enfoque en la seguridad, Coinbase es una puerta de entrada popular para los nuevos inversores en criptomonedas.

3. Kraken: Con una trayectoria establecida y un enfoque en la confiabilidad, Kraken es valorada por inversores más conservadores o institucionales.

Estas plataformas ofrecen herramientas de análisis técnico, integración con bots de trading y diversas funcionalidades para ayudar a los traders a tomar decisiones informadas.

Digitalización de las Operaciones Bursátiles Tradicionales

No solo los activos digitales han digitalizado el trading. Las bolsas de valores tradicionales y las plataformas de corretaje han seguido este camino. Plataformas como Robinhood, eToro y Fidelity han simplificado el acceso a acciones, bonos y ETFs. Estos servicios ofrecen menores barreras de entrada y comisiones bajas o nulas, junto con herramientas educativas para capacitar a sus usuarios.

Sistemas de Análisis y Operación Automática

Los sistemas de trading automáticos son cruciales en la economía digital. Programas conocidos como

Expert Advisors (EA) en la plataforma MetaTrader o los bots de trading en el espacio cripto permiten a los usuarios automatizar sus estrategias de trading. Estas herramientas pueden operar 24/7, reaccionando a los cambios de mercado mucho más rápido de lo que un humano podría. Su capacidad para backtestear estrategias usando datos históricos también es invaluable.

Dinero Electrónico y Bancos Digitales

El dinero electrónico y los bancos digitales han ajustado sus servicios para atender a los traders modernos. Estas entidades ofrecen cuentas y tarjetas especializadas que permiten transacciones rápidas y eficientes en múltiples divisas, incluyendo criptomonedas. Revolut y N26 son ejemplos de bancos que ofrecen soluciones financieras flexibles y adaptadas a las necesidades de los inversores digitales.

APIs para Datos de Mercado

Las APIs han revolucionizado la manera en que los traders acceden y utilizan los datos del mercado. Proporcionan flujos de datos en tiempo real y permiten la integración con plataformas de trading algorítmico. Las APIs como las ofrecidas por Alpha Vantage o CoinMarketCap son esenciales para aquellos que necesitan datos precisos y actualizados para sus análisis y operaciones.

Seguridad y Custodia Digital

La custodia de activos digitales es un aspecto vital del trading en la economía digital. Servicios de custodia como BitGo y Coinbase Custody ofrecen soluciones para inversores que buscan seguridad adicional para sus activos. Estos servicios utilizan tecnología de vanguardia en seguridad, como la autenticación de múltiples factores (MFA) y almacenamiento en frío, para proteger los fondos de los usuarios.

Educación y Recursos en Línea

Finalmente, la educación juega un papel primordial en el éxitodel trader. Recursos en línea, cursos, webinars y comunidades de trading están disponibles para quienes buscan mejorar sus habilidades. Plataformas como Udemy, Coursera y comunidades como TradingView ofrecen recursos valiosos y oportunidades de networking para traders de todos los niveles.

En resumen, las herramientas y plataformas para el trading en la economía digital son abundantes y sofisticadas. Ofrecen a los usuarios una gama sin precedentes de opciones para manejar sus inversiones, análisis y estrategias de trading. Con el desarrollo continuo de la tecnología y una adopción creciente, estas herramientas seguirán evolucionando y desempeñarán un papel aún más crítico en el funcionamiento de la economía digital global.

El trading dentro del ámbito de las criptomonedas y el dinero electrónico ha experimentado un rápido auge, afianzándose como una de las actividades más dinámicas de la nueva economía digital. La transformación que ha sufrido el entorno financiero con la irrupción de la tecnología blockchain y la digitalización generalizada ya no solamente altera las estructuras tradicionales de los bancos y los sistemas de pago, sino que también redefine las tácticas y estrategias comerciales que los inversores deben considerar para optimizar su rendimiento económico. Existen diversas técnicas y estilos de trading que se adaptan a perfiles de riesgo, horizontes temporales y objetivos de inversión distintos. Vamos a explorar algunos de los más prominentes en la economía digital actual para brindar una mirada completa de este fascinante espacio.

Trading de día (Day Trading)

El day trading es un estilo de negociación ágil y dinámico, caracterizado por la compra y venta de activos dentro de un mismo día de operaciones. Esta modalidad de trading tiene como fin capitalizar sobre los movimientos de precios a corto plazo. Los day traders suelen utilizar herramientas de análisis técnico y gráficos de precios para identificar tendencias y puntos de entrada y salida oportunos. Esta técnica requiere de una atención constante a los mercados, ya que las oportunidades pueden surgir y desaparecer en cuestión de minutos.

Swing Trading

En el swing trading, las operaciones se pueden mantener abiertas por varios días o semanas, con el objetivo de beneficiarse de los movimientos 'swing' o fluctuaciones que ocurren en el mercado. Los traders que usan este estilo suelen ser menos activos que los day traders, pero necesitan mantener un monitoreo del mercado y realizar análisis periódicamente para ajustar sus operaciones a las variaciones de medio plazo. El swing trading se apoya en el análisis técnico pero también puede incorporar elementos de análisis fundamental para entender el contexto más amplio que podría influir en los movimientos del mercado.

Scalping

El scalping se caracteriza por ser una forma extremadamente rápida de trading. Un scalper realiza una gran cantidad de operaciones en el día, buscando pequeñas ganancias en cada una de ellas. Por la naturaleza de este estilo, la disciplina y una ejecución casi inmediata son críticas, así como una comprensión clara de los costos de transacción, dado que estos pueden consumir las ganancias debido al alto volumen de las operaciones.

Trading basado en el análisis fundamental

El análisis fundamental es una técnica de trading que implica evaluar un activo en base a factores económicos, financieros y otros criterios, como los desarrollos tecnológicos y eventos geopolíticos que pueden afectar su valor. En el espacio digital y cripto, esto puede involucrar el estudio de métricas de red, como la cantidad y el comportamiento de las transacciones, la minería y las políticas de gobernanza de las criptomonedas. Este tipo de traders invierte basado en la convicción de que existe una discrepancia entre el precio actual del mercado y el valor intrínseco del activo que eventualmente se corregirá con el tiempo.

Trading algorítmico y de alta frecuencia

La revolución tecnológica ha permitido el desarrollo del trading algorítmico, que implica el uso de modelos matemáticos y algoritmos complejos para tomar decisiones de inversión automatizadas. En el ámbito del trading de alta frecuencia (HFT), algoritmos muy avanzados efectúan una gran cantidad de operaciones a velocidades extraordinarias, buscando aprovechar diferencias mínimas en los precios que surgen durante fracciones de segundo. Estas técnicas requieren una infraestructura tecnológica robusta y una conexión ultrarrápida a los mercados financieros.

Trading social y copy trading

Con la llegada de plataformas de trading social, el intercambio de información y estrategias de inversión se ha vuelto más accesible. Los traders pueden compartir sus operaciones, análisis y puntos de vista, creando una comunidad en línea que colabora en tiempo real. El copy trading o trading espejo permite a los inversores copiar las operaciones de traders experimentados automáticamente, beneficiándose así de su experiencia y conocimientos sin necesidad de realizar un seguimiento constante del mercado.

 Gestión de riesgos

Independientemente del estilo o técnica de trading que se elija, la gestión de riesgos es un factor crítico y omnipresente. Diversificar las inversiones, establecer límites de pérdida, y tener una claridad en los objetivos financieros son prácticas fundamentales para proteger el capital. Además, la comprensión y uso de herramientas como las órdenes de stop-loss pueden ayudar a limitar las posibles pérdidas.

En el nuevo resurgir de la economía digital, estos estilos y técnicas de trading se adaptan y evolucionan de manera continua para enfrentar los desafíos y aprovechar las oportunidades que surgen en un mercado altamente volátil y revolucionario. Los inversores que se mantienen informados y educados sobre estas prácticas y que están dispuestos a adaptarse al ritmo de la tecnología tienen a su alcance posibilidades de éxito en esta nueva era económica digital.

El nuevo resurgir de la economía digital ha transformado la manera en que entendemos el valor, la inversión y el comercio. La psicología del trading y el control emocional son, en este contexto, fundamentales para operar eficientemente en los mercados de criptomonedas y navegando por los mares de la economía digital.

El trading de criptomonedas, al igual que cualquier forma de especulación financiera, involucra no sólo el análisis técnico y fundamental, sino también un fuerte componente humano: la psicología del trader. Esta última juega un papel crucial en las decisiones de compra y venta, y su gestión efectiva puede significar la diferencia entre el éxito y el fracaso.

El control emocional se convierte en uno de los pilares más importantes para un trader. Las emociones como la avaricia, el miedo, la euforia o el pánico pueden llevar a tomar decisiones irracionales que se alejan de una estrategia de trading coherente y bien planificada. La habilidad para mantener la calma y ser disciplinado se vuelve más importante cuando operamos con activos digitales debido a la alta volatilidad de los mercados de criptomonedas.

Una estrategia efectiva para gestionar estas emociones es desarrollar un plan de trading claro que incluya puntos de entrada y salida definidos, así como límites de pérdida (stop-loss) y de toma de ganancias (take-profit). Es vital adherirse a este plan con disciplina, independientemente de las oscilaciones del mercado que pueden incitar a desviarse del curso establecido.

El trader debe ser consciente de su perfil de riesgo y definirlo antes de adentrarse en operaciones. Es importante no invertir más de lo que se está dispuesto a perder y recordar que las criptomonedas, en particular, pueden ser extremadamente volátiles. Este conocimiento previo brinda una capa de protección emocional, ya que establece límites y evita sorpresas desagradables que puedan afectar el juicio.

Además de la gestión de riesgos, la psicología en trading también involucra el concepto de paciencia. Los mercados no se mueven siempre de acuerdo a nuestras expectativas y saber esperar el momento correcto para entrar o salir del mercado es una habilidad valiosa. De igual manera, no es aconsejable reaccionar de forma impulsiva a noticias o eventos del mercado; es preferible realizar un análisis cuidadoso antes de efectuar operaciones basadas en tales eventos.

La psicología del trading también se extiende al fenómeno de la manada o comportamiento gregario. Es común que los traders se dejen llevar por las tendencias del mercado y tomen decisiones basadas en lo que parece ser el consenso general. Resistir este impulso y mantenerse fiel a su propia estrategia de trading y análisis puede proteger al trader de movimientos de mercado irreflexivos y potencialmente peligrosos.

Por otro lado, el autoconocimiento es una herramienta invaluable. Reconocer las propias emociones y cómo estas pueden estar influyendo en la toma de decisiones es esencial. La meditación y la práctica de mindfulness son técnicas que pueden ayudar a los traders a desarrollar una mayor autoconsciencia y a centrarse en el momento presente, disminuyendo la influencia de emociones negativas en su trading.

El uso de diarios de trading es otra técnica útil para mejorar el control emocional y la psicología del trading. Registrar las razones detrás de cada operación, los resultados y las emociones experimentadas puede ofrecer una perspectiva valiosa y contribuir al aprendizaje y a la mejora continua del trader.

En la economía digital, la formación constante en nuevas tecnologías, herramientas y estrategias de análisis es fundamental. Esto no solo incluye mantenerse actualizado con las últimas novedades del ecosistema de las criptomonedas y blockchain, sino también perfeccionar constantemente las habilidades relacionadas con la gestión emocional y psicológica del trading.

Es por todas estas razones que el control emocional y la disciplina en la psicología del trading son aspectos esenciales en el nuevo resurgir de la economía digital. Aquellos que logran dominar estas disciplinas se posicionan en una mejor situación para capitalizar las oportunidades que ofrecen las criptomonedas y la digitalización de la economía. Las herramientas están al alcance, pero el éxito depende en gran medida del enfoque mental y emocional que cada trader aplique en su camino hacia la conquista de los mercados digitales.

Utilizando Blockchain para generar ingresos

La economía digital está marcando el inicio de una nueva era, caracterizada por la incesante transformación y avance tecnológico. La tecnología blockchain, fundamentalmente asociada con las criptomonedas, está abriendo nuevas avenidas para generar ingresos más allá de las tradicionales inversiones financieras y el comercio. Este capítulo aborda, en profundidad, cómo la blockchain está siendo utilizada para crear oportunidades económicas, mejorar procesos y estimular el crecimiento financiero.

La blockchain es un libro de contabilidad digital distribuido que asegura la integridad de la transacción e intercambio de información a través de un enfoque descentralizado. Su naturaleza inmutable y transparente la convierte en una tecnología ideal para garantizar la fidelidad y la seguridad en el mundo de las finanzas digitales. Esta red de bloques está revolucionando la manera en que se crean y distribuyen los valores, abriendo un abanico de opciones para generar ingresos.

La Minería de Criptomonedas

Una de las formas más populares y bien conocidas de generar ingresos con blockchain es a través de la minería de criptomonedas. La minería implica la validación de transacciones en la red y la adición de bloques al blockchain, lo cual se recompensa con la emisión de una fracción de la criptomoneda en cuestión. A pesar de que la minería puede ser energéticamente intensiva, las recompensas pueden ser significativas, especialmente cuando el valor del mercado de criptomonedas está en ascenso.

Staking y Prueba de Participación

Contrario a la minería, el staking involucra la retención de cierta cantidad de tokens en una cartera para soportar las operaciones de una blockchain. Asimismo, el staking suele ser parte de los mecanismos de prueba de participación (Proof of Stake, PoS), donde los participantes son seleccionados para crear el siguiente bloque, basados en el número de monedas que han inmovilizado como stake. Esto genera un ingreso pasivo para los usuarios que participan en el staking, dependiendo del tamaño de su apuesta y la duración del stake.

Desarrollo de Aplicaciones Descentralizadas

Las aplicaciones descentralizadas (DApps) son programas que funcionan sobre una red blockchain, promoviendo la descentralización y a menudo usando tokens para su funcionamiento interno. Los desarrolladores de estas aplicaciones pueden generar ingresos a través de tarifas de transacción, crowdfundings, servicios de suscripción, y la venta de tokens vinculados a sus DApps. El desarrollo de DApps demanda una comprensión profunda de la programación de contratos inteligentes y el funcionamiento de la blockchain correspondiente.

Tokenización de Activos

La blockchain permite la tokenización, que es el proceso de convertir derechos de un activo real en un token digital. Estos activos pueden ser de cualquier tipo, desde bienes raíces hasta obras de arte. Tokenizar un activo proporciona una forma de fraccionar la propiedad y hacer que las inversiones sean más accesibles. Los ingresos se pueden generar por la venta o intercambio de estos tokens, o a través de las ganancias de la valorización del activo subyacente.

Plataformas de Finanzas Descentralizadas (DeFi)

Las plataformas de DeFi utilizan contratos inteligentes para ofrecer servicios financieros, como préstamos y seguros, sin la necesidad de intermediarios tradicionales como los bancos. Los usuarios pueden generar ingresos al prestar sus criptomonedas a través de estas plataformas, recibiendo a cambio intereses. Esto democratiza el acceso a los servicios financieros y ofrece tasas de retorno a menudo más atractivas que las opciones bancarias convencionales.

Comercio de Criptomonedas

El comercio de criptomonedas a través de las diversas plataformas exchange es otra forma de generar ingresos. Los operadores pueden comprar criptomonedas a un precio bajo y venderlas cuando el precio aumente, obteniendo así beneficios del margen. Este método requiere una buena comprensión del mercado, habilidades en el análisis técnico y mucha atención al comportamiento volátil de los precios cripto.

Airdrops y Forks

Los airdrops son campañas promocionales donde se distribuyen tokens gratuitos a las carteras de los usuarios de blockchain, mientras que los forks son divergencias en la blockchain que a menudo generan una nueva moneda. Los participantes pueden beneficiarse de ambos eventos al recibir tokens nuevos, que potencialmente pueden ser intercambiados por otras criptomonedas o moneda fiduciaria en el mercado.

NFTs y Economía del Creador

La creación y venta de tokens no fungibles (NFTs) están ofreciendo una nueva fuente de ingresos para artistas, músicos y creadores de contenido. Un NFT es un tipo especial de token criptográfico que representa algo único. Los NFTs pueden ser usados para probar la propiedad de contenido digital como arte, música y videojuegos. La venta y reventa de estos objetos digitales en los mercados correspondientes ha demostrado ser una ruta viable para que los creadores moneticen su trabajo.

Cada una de estas metodologías toma ventaja de las poderosas características de la blockchain para generar ingresos de formas que simplemente no existían antes de la llegada de esta tecnología disruptiva. En el próximo capítulo, nos adentraremos más en la seguridad de las transacciones financieras en la era de la blockchain, explorando cómo esta tecnología está cambiando el panorama de la confianza y la verificación en la economía digital.

Contratos inteligentes e ingresos pasivos
En el auge de la economía digital, una de las innovaciones más disruptivas ha sido el desarrollo de los contratos inteligentes. Funcionando sobre tecnología blockchain, estos acuerdos autoejecutables han sentado las bases para una nueva era en la automatización de transacciones y la generación de ingresos pasivos. Los contratos inteligentes no solo han cambiado la forma en que entendemos las interacciones contractuales sino que también han allanado el camino para la creación de un sistema financiero más inclusivo, transparente y eficiente.
Un contrato inteligente es esencialmente un programa que se ejecuta en la blockchain. Estos programas están diseñados para cumplir automáticamente con los términos de un contrato cuando se satisfacen ciertas condiciones predeterminadas. Esto elimina la necesidad de intermediarios, como abogados o bancos, al tiempo que garantiza la seguridad y la inmutabilidad de los acuerdos. Una vez que se activa un contrato inteligente, no hay vuelta atrás, lo que asegura la fidelidad y la confianza en las transacciones sin la presencia de un tercero.
Este avance ha sido fundamental para el desarrollo de la economía digital, particularmente en términos de creación de flujos de ingresos pasivos. Los ingresos

pasivos se definen como aquellos que se obtienen sin la necesidad de intervención o trabajo activo continuo. En el contexto de los contratos inteligentes, los flujos de ingresos pasivos se pueden lograr a través de varios métodos, como los intereses de staking, los dividendos distribuidos por tokens de seguridad o incluso la participación en sistemas de gobernanza de proyectos de DeFi (Finanzas Descentralizadas).

La digitalización de la economía y la adopción del dinero electrónico han abierto puertas a métodos de inversión que antes eran inaccesibles al ciudadano promedio. Ahora, una persona con acceso a internet y una cartera digital puede invertir en una variedad de activos criptográficos y participar en la generación de ingresos pasivos a través de plataformas DeFi. Estas plataformas permiten a los usuarios prestar sus criptomonedas o participar en protocolos de liquidez, obteniendo a cambio una rentabilidad por sus activos bloqueados.

Los ingresos pasivos generados por contratos inteligentes también están revolucionando el concepto de los bancos digitales. Estos nuevos tipos de instituciones financieras ofrecen productos basados en contratos inteligentes que pueden incluir cuentas de ahorro con intereses generados a través de staking, sistemas de préstamos colateralizados y oportunidades de inversión en fondos que operan enteramente en la blockchain. La transparencia y seguridad proporcionada por la tecnología blockchain disminuyen significativamente los riesgos asociados con los sistemas bancarios tradicionales, al tiempo que potencian la capacidad de generar ingresos pasivos.

La economía en internet ha sido testigo de una expansión significativa en los últimos años. El dinero electrónico ya no se limita a simples transacciones. Con la integración de la tecnología blockchain y los contratos inteligentes, los activos digitales se han convertido en herramientas poderosas para la generación de riqueza. Los tokens no fungibles (NFTs), por ejemplo, han añadido otra dimensión al mercado de ingresos pasivos, permitiendo a los creadores de contenido obtener regalías automáticas a través de contratos inteligentes cada vez que su obra se vende en el mercado secundario.

Asimismo, la aparición de aplicaciones descentralizadas (dApps) ha multiplicado las posibilidades de generar ingresos pasivos. Al brindar servicios que van desde la predicción de mercados hasta los juegos con recompensas monetarias automatizadas, las dApps están creando un ecosistema rico y diverso donde las personas pueden encontrar múltiples fuentes de ingreso.

La evolución tecnológica de las criptomonedas y los contratos inteligentes continúa ofreciendo nuevas oportunidades para todos aquellos dispuestos a adaptarse y aprender sobre este emergente mundo digital. En resumen, el nuevo resurgir de la economía digital está caracterizado no solo por la adopción masiva de criptomonedas y dinero electrónico, sino también por la revolución que los contratos inteligentes están impulsando en la forma en que generamos y concebimos los ingresos pasivos.

Este fenómeno se está expandiendo rápidamente y promete transformar aún más nuestras vidas económicas, planteando preguntas interesantes sobre el futuro del trabajo, la inversión y el consumo en una época dominada por la digitalización. A medida que las tecnologías emergentes continúan desarrollándose, también lo harán las formas en que interactuamos con el dinero y las oportunidades para que las personas accedan a una mayor independencia financiera a través de ingresos pasivos confiables y automatizados.

Las finanzas descentralizadas, o DeFi, representan una innovación disruptiva en el mundo de la economía digital que está redefiniendo la forma en que los individuos interactúan con los servicios financieros. En el contexto de una sociedad cada vez más digitalizada, la DeFi emerge como una solución liberadora frente a los sistemas tradicionales, ofreciendo un acceso más democrático y transparente a los servicios financieros. Al hablar de proyectos DeFi, nos referimos a una gama de aplicaciones y protocolos que operan sobre blockchain y que tienen el poder de permitir prestamos, inversiones, el intercambio de activos y la creación de seguros sin la necesidad de intermediarios financieros como bancos u otras entidades crediticias tradicionales. Esencialmente, estos proyectos se construyen sobre la infraestructura descentralizada y abierta de plataformas como Ethereum, que proporciona no solo transparencia y seguridad a través de su tecnología de cadena de bloques sino también flexibilidad a través de los contratos inteligentes.
Uno de los proyectos DeFi más innovadores y relevantes es el de los préstamos descentralizados. A través de plataformas como Aave y Compound, los usuarios pueden prestar y tomar prestado criptomonedas sin la necesidad de un intermediario.

Estos protocolos utilizan algoritmos para calcular las tasas de interés basándose en la oferta y la demanda de diferentes activos digitales y proporcionan una forma de generar ingresos pasivos a través de la acumulación de intereses en los activos digitales prestados, así como oportunidades de arbitraje y apalancamiento financiero.

En el campo del intercambio de activos, las plataformas de intercambio descentralizado (DEX), como Uniswap y SushiSwap, permiten a los usuarios intercambiar criptomonedas directamente entre sí a través de un sistema de liquidez compartida sin la necesidad de un libro de órdenes centralizado. Esto no solo reduce los riesgos y costos asociados con los intermediarios, sino que también amplía las oportunidades para una mayor inclusión financiera.

Además, los proyectos DeFi no se limitan a reproducir los servicios existentes en el sistema financiero convencional, sino que también innovan con productos financieros completamente nuevos. Un ejemplo de ello son los tokens de gobernanza, que otorgan a los usuarios derechos de voto sobre las decisiones clave que afectan a los protocolos, fomentando un modelo de gobernanza descentralizada y participativa, en contraposición a los modelos corporativos centralizados tradicionales.

La creación de stablecoins descentralizadas es otro de los proyectos DeFi destacados. Estas criptomonedas están ancladas a activos estables como el dólar estadounidense y ofrecen la estabilidad necesaria para el comercio y las finanzas, sin el riesgo de volatilidad que presentan otras criptodivisas. MakerDAO con su DAI es un claro ejemplo de cómo una moneda digital puede ser respaldada por colaterales en criptos y gestionada a través de un sistema de gobernanza descentralizado.

La tokenización de activos es también un aspecto revolucionario de los proyectos DeFi. Pretende digitalizar activos del mundo real, como bienes raíces, obras de arte o acciones de empresas, y representarlos en la blockchain, lo que facilita su intercambio y fraccionamiento, así como la apertura a inversores globales que de otra forma no tendrían acceso.

Los seguros descentralizados, como los proporcionados por proyectos como Nexus Mutual, utilizan el poder de la blockchain para democratizar el acceso a productos de seguro, permitiendo a los usuarios asegurarse mutuamente contra diferentes tipos de riesgos asociados con las criptomonedas y las aplicaciones basadas en blockchain. Esto no solo hace más accesibles los seguros tradicionales sino que también abre las puertas a nuevos tipos de coberturas adaptadas al mundo digital.

En resumen, la convergencia de tecnología blockchain, criptomonedas y principios financieros ha dado origen a un abanico de proyectos DeFi que están marcando el comienzo de una nueva era en la economía digital. Estos proyectos representan no solo la creación de un nuevo paradigma financiero sino también un desafío a las estructuras actuales, invitando a los usuarios a repensar qué es posible en el mundo de las finanzas y cómo pueden tomar el control sobre su propio futuro financiero. A medida que estos proyectos maduran y se integran más profundamente en la economía global, el resurgir de la economía digital se solidifica, estableciendo las bases de un sistema financiero más equitativo, eficiente y accesible para todos.

Invertir en ofertas iniciales de monedas (ICOs) y tokens no fungibles (NFTs)

El auge de la economía digital ha traído consigo la proliferación de nuevas formas de inversión y financiación. Entre estas, las Ofertas Iniciales de Monedas, o Initial Coin Offerings (ICOs), y los Tokens No Fungibles (NFTs) se destacan por su innovación y potencial disruptivo. Aunque ambas son representaciones de valor en el universo digital, sus propiedades, usos y riesgos asociados difieren significativamente.

Una ICO es un mecanismo de recaudación de fondos utilizado por startups o proyectos para emitir sus propios tokens o criptomonedas en una plataforma blockchain. A cambio de capital, a menudo en forma de criptomonedas más líquidas como Bitcoin o Ethereum, los inversores reciben nuevos tokens que esperan ganar en valor a medida que el proyecto se desarrolla y adquiere éxito. Es una suerte de híbrido entre la financiación colectiva y la emisión de valores, aunque generalmente escapa al marco regulatorio tradicional de los mercados de valores.

Por otro lado, los NFTs son activos digitales únicos que no pueden ser reemplazados por otros idénticos, a diferencia de las criptomonedas como Bitcoin, que son fungibles. Los NFTs hacen uso de la tecnología blockchain para registrar la propiedad y la autenticidad de un activo digital, que puede variar desde obras de arte y música hasta elementos coleccionables en juegos y otros bienes digitales. La singularidad y la escasez artificial creada por los NFTs pueden generar un alto valor de mercado para ciertos coleccionables y obras de arte digitales.

Para un inversor que busca involucrarse en estos espacios emergentes, es vital comprender los riesgos y las estrategias asociadas con las ICOs y los NFTs.

Al invertir en una ICO, se deben considerar los siguientes aspectos:

1. Investigación Fundamental: Es crucial realizar una diligencia debida exhaustiva sobre el proyecto en el que se piensa invertir. Esto incluye entender el problema que el proyecto pretende resolver, la viabilidad técnica de la solución, la fortaleza y experiencia del equipo detrás del proyecto, la estructura de la ICO (incluyendo el hard cap, soft cap, la distribución de tokens, etc.), y la comunidad que respalda el proyecto.

2. Evaluación de la Propuesta de Valor: Un token debería tener un propósito y una utilidad claros dentro de su ecosistema. Invertir en un token que no tiene ninguna función o que no es necesario para el funcionamiento del proyecto subyacente implica un riesgo considerable.

3. Análisis de la Competencia: En el espacio de las criptomonedas, la competencia es feroz y muchos proyectos pueden solaparse en términos de las soluciones que ofrecen. Conocer los competidores y entender cómo se posiciona el proyecto en juego dentro del mercado es crucial.

4. Entendimiento de la Regulación: Las leyes y regulaciones que rodean las criptomonedas y las ICOs varían significativamente de una jurisdicción a otra y están constantemente evolucionando. Comprender las implicaciones legales de invertir en una ICO es vital para mitigar los riesgos regulatorios.

5. Gestión de Riesgos: Las ICOs son inversiones de alto riesgo que pueden resultar en pérdidas significativas. Mantener una cartera diversificada y no invertir más de lo que uno puede permitirse perder son principios clave para la gestión de riesgos en este ámbito.

Al considerar los NFTs como una inversión, hay que prestar atención a factores únicos:

1. La Singularidad y la Autenticidad: Con los NFTs, la singularidad de un token es su atributo más valioso. Asegurarse de que el NFT es auténtico y verificar su historial en la cadena de bloques es esencial para evitar ser víctima de fraudes.

2. La Liquidez del Mercado: Aunque un NFT puede parecer valioso, no siempre es fácil encontrar un comprador dispuesto a pagar el precio deseado. El mercado para NFTs es menos líquido que el de las criptomonedas tradicionales, y el valor de un NFT puede ser altamente subjetivo y volátil.

3. La Propiedad Intelectual y los Derechos de Autor: Algunos NFTs están asociados con activos digitales que pueden estar sujetos a derechos de autor. Comprender los derechos que se adquieren con la compra de un NFT, y qué se puede y no se puede hacer con el activo digital vinculado, es fundamental para evitar problemas legales.

4. Convertibilidad y Costos Asociados: Los costos de transacción para comprar o vender NFTs pueden ser significativos, particularmente en redes con altas tarifas de gas como Ethereum. Además, la convertibilidad de NFTs a otras formas de activos es un factor importante a tener en cuenta, especialmente si se busca liquidez.

5. Análisis de la Demanda y Tendencias del Mercado: Los NFTs a menudo siguen tendencias y la demanda

puede fluctuar ampliamente dependiendo de factores como la popularidad de ciertos artistas, géneros o coleccionables. Mantenerse informado sobre las tendencias del mercado y la psicología del coleccionista puede ayudar a tomar decisiones informadas de inversión.

Concluir que invertir en ICOs y NFTs representa una oportunidad emocionante dentro de la economía digital; sin embargo, tales inversiones

Minería y staking de criptomonedas

La minería de criptomonedas ha sido una de las piedras angulares en el desarrollo y mantenimiento de la mayoría de las blockchain desde la invención del Bitcoin. Este proceso, que se asemeja al de la minería real de metales preciosos como el oro, es un mecanismo de consenso distribuido que se utiliza para confirmar las transacciones pendientes al incluirlas en la cadena de bloques. La minería asegura tanto la neutralidad de la red como un cronograma de transacciones consensuado dentro de las múltiples computadoras participantes.

El proceso de minería involucra la solución de complicados problemas matemáticos y criptográficos, donde los mineros utilizan potencias de cómputo inmensas para resolver un bloque, siendo recompensados con una cantidad fija de criptomonedas. Los "mineros" o las personas que prestan su capacidad de cómputo a la red, compiten entre sí para resolver los problemas y obtener la recompensa del nuevo bloque creado.

El staking, por otro lado, es una alternativa al proceso de minería y es característico de las criptomonedas que utilizan el mecanismo de consenso Proof of Stake

(PoS) o alguna de sus variaciones como Delegated Proof of Stake (DPoS) o Proof of Authority (PoA). En contraste con la minería, que requiere hardware especializado y consume cantidades significativas de electricidad, el staking permite a los tenedores de criptomonedas participar en el proceso de validación de transacciones y creación de nuevos bloques simplemente manteniendo fondos en una billetera compatible y operativa.

El staking se basa en la premisa de que cuanto mayor sea la cantidad de criptomonedas que un usuario esté dispuesto a "apostar" o bloquear en la red, mayor será su posibilidad de ser seleccionado como validador del próximo bloque de transacciones. Este selección se basa en un algoritmo determinístico o pseudoaleatorio que toma en cuenta la edad y la cantidad de la participación, recompensando a los usuarios con intereses, comúnmente en forma de monedas adicionales.

La economía detrás de la minería y el staking es un pilar fundamental en el resurgir de la economía digital. Gracias a la blockchain y sus mecanismos consensuados, la digitalización de activos y la transferencia de valor entre diferentes partes del mundo se hacen más seguras, descentralizadas y menos dependientes de intermediarios tradicionales. La disminución de costos y el aumento de la eficiencia en las transacciones han promovido el uso del dinero electrónico y generado un cambio paradigmático sobre cómo entendemos el flujo del capital y la generación de riqueza en el entorno digital.

Los bancos digitales y otras instituciones financieras están empezando a adoptar tecnologías de criptomonedas y blockchain para mejorar sus servicios y ofrecer nuevas opciones para sus clientes. Esto implica la creación de sistemas de pagos más rápidos y seguros, servicios de préstamo y crédito más accesibles y personalizados, así como oportunidades de inversión en una variedad de activos digitales más amplia que nunca.

La minería y el staking se convierten así en dos caras de una moneda imprescindible para la seguridad y funcionamiento de criptomonedas y blockchain. Por un lado, la minería sigue siendo vital para criptomonedas que confían en la PoW como su mecanismo de consenso, y por otro, el staking emerge como una opción más sostenible y energéticamente eficiente para aquellas redes que buscan una alternativa a la PoW.

Cada una de estas actividades contribuye a descentralizar aún más la economía, dándoles a los individuos la posibilidad de participar directamente en la seguridad y operación de redes monetarias digitales sin necesidad de estar sujetos a las complejas y a veces opacas estructuras bancarias tradicionales.

La minería, en particular, ha experimentado un desarrollo significativo tanto en la sofisticación del hardware utilizado como en la creación de granjas de minería que aprovechan recursos energéticos de diversas formas, incluyendo fuentes renovables. Esto ha permitido crear ecosistemas alrededor de la minería que no solo generan criptomonedas sino también fomentan la investigación y desarrollo en áreas como la eficiencia energética y la gestión de la cadena de suministro.

En cuanto al staking, su creciente popularidad ha llevado a la inclusión de sistemas de staking en múltiples proyectos blockchain, brindando a los usuarios formas alternativas de asegurar la red mientras obtienen una rentabilidad por su participación. A diferencia de la minería, el staking ofrece una barrera de entrada más baja y posibilita la participación de un espectro más amplio de la población en la economía digital.

En última instancia, tanto la minería como el staking son instrumentos clave en la creación y fortalecimiento de un sistema económico digital más robusto, inclusivo y equitativo. A medida que avanzamos hacia un mundo cada vez más interconectado y digitalizado, la comprensión y adopción de estas tecnologías jugará un rol fundamental en la forma en la que construimos la economía del futuro.

La minería de criptomonedas ha ganado una inmensa popularidad como un medio para obtener ingresos pasivos en la economía digital. Este proceso es vital para la existencia y funcionamiento de las criptomonedas como Bitcoin, Ethereum, y otras altcoins, dado que no solo introduce nuevas monedas en el sistema sino que también verifica transacciones y asegura la red frente a las transacciones fraudulentas.

Para aquellos interesados en sumergirse en el mundo de la minería de criptomonedas, el primer paso es comprender los fundamentos detrás del mismo. La minería es esencialmente el proceso a través del cual las transacciones se verifican y se agregan al registro público, conocido como la blockchain. Esto se logra resolviendo complejos puzzles criptográficos, un proceso que en teoría puede llevarse a cabo por cualquier persona con los recursos computacionales necesarios.

Antes de iniciar en la minería de criptomonedas, se deben considerar varios factores clave, como la elección de la criptomoneda a minar, el equipo necesario, el costo de la electricidad, y la comprensión de los aspectos legales y fiscales que implica la actividad.

Elección de Criptomoneda y Pool de Minería:

Una de las primeras decisiones es elegir qué moneda minar. Bitcoin es tal vez la más conocida, pero su minería se ha vuelto extremadamente competitiva y poco rentable para el minero promedio debido al alto nivel de dificultad y el requerimiento de equipos especializados. Como alternativa, hay otras criptomonedas como Ethereum, Litecoin, y Monero que podrían ofrecer mejores márgenes de ganancia dependiendo de las condiciones del mercado y los costos asociados.

Una vez seleccionada la criptomoneda, el próximo paso es decidir si minarás solo o te unirás a un pool de minería. Un pool es un grupo de mineros que combinan su poder computacional para aumentar sus posibilidades de resolver un bloque. Los pagos se dividen entre los miembros del pool en proporción al poder de procesamiento aportado.

Hardware de Minería:

El corazón de la minería de criptomonedas es el hardware. Originalmente, era posible minar con el CPU de un ordenador doméstico. Sin embargo, la creciente dificultad de los puzzles significó que se necesitaba hardware más potente. Esto llevó al uso de tarjetas gráficas (GPUs), que fueron más eficientes en el cálculo de algoritmos de minería. Con el tiempo, se desarrollaron equipos de minería especializados conocidos como ASIC (Circuito Integrado Específico de Aplicación), diseñados exclusivamente para la tarea de minar criptomonedas.

Al seleccionar el equipo de minería, se deben ponderar factores como el hash rate (la velocidad a la que el equipo puede resolver puzzles), el consumo de energía, el costo del equipo y su vida útil estimada. La eficiencia energética es especialmente importante, ya que los costos de electricidad pueden reducir significativamente las ganancias obtenidas de la minería.

Software de Minería:

Aparte del hardware, necesitarás software de minería especializado que te permita conectar tu hardware a la blockchain y al pool de minería escogido. Existen diversas opciones, muchas de ellas gratuitas y de código abierto, como CGMiner, BFGMiner o EasyMiner. Cada uno tiene sus propias características, compatibilidades y niveles de dificultad de configuración; por lo tanto, deberás elegir el que más se ajuste a tus necesidades y conocimientos técnicos.

Costos de Electricidad:

La minería de criptomonedas es un proceso que consume mucha energía. Por consiguiente, el costo de la electricidad es uno de los factores más decisivos en la rentabilidad de la minería. Antes de comenzar, se debe investigar la tasa de electricidad local y calcular el consumo posible del equipo para determinar si la operación será rentable. En algunas regiones, las tarifas eléctricas varían según la hora del día o la temporada, lo que puede influir en la estrategia de minería.

Legalidad y Aspectos Fiscales:

Es crucial estar al tanto de la legalidad de la minería de criptomonedas en la jurisdicción en la que planeas operar. Algunos países han impuesto regulaciones estrictas, mientras que otros han abrazado la tecnología. Además, hay consideraciones fiscales que no deben ser descuidadas. En muchos lugares, las ganancias obtenidas a través de la minería de criptomonedas deben declararse y están sujetas a impuestos.

Conclusiones:

La minería de criptomonedas puede ser una empresa lucrativa si se planifica y ejecuta correctamente. Requiere una investigación exhaustiva, inversión en hardware adecuado, un cálculo meticuloso de costos y un seguimiento continuo de la rentabilidad. Además, mantenerse actualizado con las tendencias del mercado y los avances tecnológicos es indispensable para aquellos que desean hacer de la minería de criptomonedas más que un pasatiempo. Con la preparación adecuada y un enfoque estratégico, los mineros pueden encontrar su lugar en el resurgir de la economía digital, aprovechando la ola tecnológica que está remodelando la forma en que entendemos el valor y las finanzas.

El nuevo resurgir de la economía digital

El universo del dinero y las transacciones financieras ha sufrido una revolución inconmensurable con la llegada de las criptomonedas y la tecnología Blockchain. Esta disrupción tecnológica no solo ha transformado la forma en que se conceptualiza el valor y la propiedad, sino que también ha redefinido los fundamentos mismos de cómo se emite y transfiere el dinero digital.

Proof of Work (PoW) y Proof of Stake (PoS) son dos algoritmos de consenso que juegan roles críticos en el funcionamiento de las blockchains, las cuales son las columnas vertebrales de las criptomonedas. La comprensión de las diferencias, implicaciones y aplicaciones de estos algoritmos es esencial para cualquiera que busque comprender la economía digital en profundidad.

Proof of Work - La Raíz de las Criptomonedas

La Proof of Work se dio a conocer principalmente con Bitcoin, la primera criptomoneda, y es un mecanismo que requiere que los participantes, conocidos como mineros, resuelvan complejos problemas matemáticos para validar transacciones y generar bloques nuevos. Este proceso de resolución de problemas consume una cantidad significativa de energía debido a la necesidad de utilizar hardware potente y especializado.

El principal beneficio de PoW es su seguridad robusta. Los problemas matemáticos como rompecabezas criptográficos actúan como barreras efectivas contra los ataques malintencionados, ya que requieren una inversión considerable de recursos para resolverlos. Así, un atacante tendría que disponer del poder de cómputo mayoritario de la red para poder realizar cambios en la blockchain, algo conocido como un ataque del 51%, que es altamente improbable en redes grandes y establecidas como Bitcoin.

Sin embargo, el alto requerimiento energético y las limitaciones en la velocidad de las transacciones son los puntos de crítica más habituales hacia PoW. Las preocupaciones sobre la sostenibilidad y el impacto ambiental de la minería de criptomonedas han sido el foco de debate en muchos foros tecnológicos y ambientales.

Proof of Stake - La Evolución de la Economía Digital

Proof of Stake surge como una alternativa ecológica a Proof of Work. En lugar de requerir el poder computacional para validar transacciones y crear bloques, PoS asigna esa responsabilidad en función de la cantidad de monedas que los participantes, o validadores, tienen 'en stake', es decir, inmovilizadas como garantía.

Este método se basa en la premisa de que aquellos que tienen una proporción más significativa de inversión en la red tienen un interés proporcional en mantener su seguridad y estabilidad. Además, al no necesitar una cantidad significativa de energía para competir por la creación de bloques, PoS es notablemente más eficiente en términos de energía y esencial para un futuro más sostenible en la economía digital.

La escalabilidad también se ve mejorada en Proof of Stake, permitiendo un mayor número de transacciones por segundo. Esto abre la puerta a una adopción más amplia en aplicaciones más allá de las transacciones financieras simples, como contratos inteligentes y aplicaciones descentralizadas (DApps), que requieren un grado alto de interactividad y rapidez.

A pesar de estas ventajas, Proof of Stake ha enfrentado críticas relacionadas con la centralización potencial, ya que aquellos con una participación financiera más significativa podrían tener más influencia sobre la red. Para mitigar estos problemas, muchos proyectos de criptomonedas PoS han implementado medidas, como sistemas de delegación y capas de gobernanza, para asegurar un equilibrio más democrático del poder de decisión.

Desafíos y La Convergencia de Los Algoritmos

La elección entre PoW y PoS es uno de los debates más fundamentales y divisivos en la comunidad de criptomonedas. Ambos algoritmos enfrentan desafíos únicos y están en constante evolución para mejorar la seguridad y eficiencia.

Algunas blockchains ahora están explorando modelos híbridos que buscan combinar las fortalezas de PoW y PoS. Por ejemplo, Ethereum, una de las plataformas líderes en criptomonedas y contratos inteligentes, ha estado transitando desde un sistema basado en PoW a uno basado completamente en PoS, un proceso conocido como Ethereum 2.0. Este cambio tiene el potencial de marcar un antes y un después en la viabilidad a largo plazo de las criptomonedas en el mercado masivo y los sistemas financieros globales.

El Futuro de la Validación de Bloques

A medida que avanzamos hacia un futuro en el que las criptomonedas y la economía digital adquieren una relevancia aún mayor, es esencial que las redes blockchain evolucionen y adapten sus métodos de consenso para equilibrar seguridad, sostenibilidad y equidad.

Proof of Work y Proof of Stake son pilares fundamentales en este nuevo resurgir de la economía digital, representando los primeros pasos hacia un sistema monetario mundial descentralizado y democratizado. La exploración continua de estos mecanismos, así como el desarrollo de nuevos algoritmos, seguramente jugarán un papel crucial en la forma en que nos relacionamos con el dinero digital y en cómo las economías digitales influyen en nuestro día a día y en la estructura económica mundial.

El crecimiento exponencial de la economía digital, potenciado por la emergencia de la criptografía de blockchain y la consiguiente popularización de las criptomonedas, ha elevado la conversación sobre la minería digital a niveles estratégicos. Hasta hace pocos años, esta minería no era más que un nicho ocupado por entusiastas tecnológicos. Hoy, se ha consolidado como un sector vital para la salud y expansión de la economía en internet, no solo por su importancia en la emisión de nueva moneda digital, sino también por su papel en la seguridad y mantenimiento de las redes blockchain.

El futuro de la minería de criptomonedas enfrenta dos desafíos principales: sostenibilidad y rentabilidad. Estos dos factores están intrínsecamente ligados, ya que la rentabilidad a largo plazo de la minería solo puede ser sostenible si se abordan las preocupaciones medioambientales y se adapta a los cambios tecnológicos y de mercado.

La sostenibilidad es una cuestión crítica debido al enorme consumo de energía asociado con la minería de criptomonedas, particularmente Bitcoin. El proceso de minado, que requiere la solución de complejos problemas matemáticos para validar transacciones y crear nuevos bloques, implica el uso de hardware especializado conocido como ASICs (Application-Specific Integrated Circuits), que son intensivos en el uso de energía. En los primeros días de Bitcoin, los usuarios podían minar utilizando simples CPUs o GPUs, pero a medida que la dificultad de la minería ha aumentado, también lo ha hecho la demanda de hardware más potente y, por ende, más energía.

La comunidad cripto está cada vez más consciente de esta problemática y está buscando alternativas para reducir la huella de carbono de la minería. Una de las soluciones es el uso de energía renovable para alimentar las operaciones de minería. Esto no solo es más amigable con el medio ambiente, sino que también puede mejorar la rentabilidad a largo plazo, dado que la energía renovable tiende a ser más barata y sus precios más estables en comparación con los combustibles fósiles.

Además, se están desarrollando e implementando tecnologías de minería más eficientes energéticamente, y se espera que con el tiempo estas se vuelvan la norma. Las mejoras en la eficiencia de ASICs y la refrigeración de los centros de minería son vitales, ya que reducen la cantidad de energía necesaria por hash, la medida de potencia de procesamiento utilizada en la minería.

Paralelamente a la sostenibilidad, la rentabilidad de la minería se enfrenta a varios retos. La volatilidad del mercado de criptomonedas puede llevar a fluctuaciones drásticas en el valor de recompensas de minería, mientras que el aumento de la competencia entre los mineros y la creciente dificultad de los algoritmos de minado hace que sea más difícil obtener un retorno de inversión positivo. Los mineros deben estar constantemente evaluando sus operaciones y adaptándose a las condiciones cambiantes del mercado para mantenerse rentables.

El futuro de la minería también puede estar influenciado por la adopción generalizada de protocolos de consenso alternativos a la prueba de trabajo (PoW), como la prueba de participación (PoS), que requieren mucho menos energía para funcionar. Blockchains como Ethereum están en proceso de transición hacia PoS, lo que podría llevar a un cambio significativo en cómo se minan las criptomonedas y cómo se distribuyen las recompensas.

La regulación gubernamental también desempeñará un papel clave en el futuro de la minería. Los países están comenzando a reconocer la criptominería como una industria y, en consecuencia, están desarrollando marcos regulatorios que podrían afectar tanto la sostenibilidad como la rentabilidad. Las políticas fiscales, ambientales y de consumo de energía tendrán un impacto significativo en cómo y dónde se lleva a cabo la minería.

En resumen, el futuro de la minería criptográfica es un delicado equilibrio entre evolución técnica, viabilidad económica y responsabilidad ambiental. La minería debe reinventarse continuamente para no solo proveer los cálculos necesarios que garantizan y avanzan las funcionalidades de las redes blockchain, sino para hacerlo de una manera que sea económicamente sostenible y ambientalmente responsable. Aquellos que logren adaptarse a estos retos serán sin duda los pioneros de un nuevo capítulo en la historia de la economía digital.

Oportunidades emergentes

En la confluencia de la innovación y la digitalización económica, la era moderna está viviendo un resurgir que redefine la manera en la que concebimos el valor, las transacciones y las finanzas. La economía digital está experimentando una evolución sin precedentes impulsada por nuevas tecnologías, y en el núcleo de esta transformación se encuentra el desarrollo y la adopción de criptomonedas y blockchain. Esta combinación está generando oportunidades emergentes que están reconfigurando el escenario económico global.

El impacto de las criptomonedas y la tecnología blockchain está siendo multifacético. No solo han irrumpido como activos especulativos o como soluciones a problemas de privacidad y seguridad financiera, sino que también están alimentando una renovada infraestructura para una variedad de aplicaciones que van desde contratos inteligentes hasta la tokenización de bienes y derechos.

Una de las áreas más prometedoras es el campo de los contratos inteligentes. Estos son programas almacenados dentro de una blockchain que se ejecutan cuando se cumplen ciertos criterios. Los contratos inteligentes eliminan la necesidad de intermediarios, reduciendo costos y tiempos de espera en una multitud de transacciones comerciales y civiles. Este concepto está allanando el camino hacia un nuevo tipo de economía autónoma donde las transacciones son transparentes, irreversibles y se auto-ejecutan.

La tokenización está transformando la manera en la que percibimos y intercambiamos valor en un contexto digital. Al representar activos del mundo real en forma de tokens digitales, se facilita su intercambio y se mejora su liquidez. Desde bienes raíces hasta obras de arte, la tokenización abre un mercado global para bienes que anteriormente estaban restringidos por barreras geográficas o de acceso. Este fenómeno no solo democratiza la inversión, sino que también permite la creación de mercados más eficientes y la distribución de activos de una manera más justa y equitativa.

Los bancos digitales y las plataformas de dinero electrónico están reformulando la banca tradicional. Ofreciendo servicios financieros a través de aplicaciones móviles y plataformas en línea, han logrado llegar a una audiencia más amplia. Estos bancos digitales ofrecen menores tarifas y una experiencia de usuario superior debido a su estructura ágil y centrada en la tecnología. Esto promueve una mayor inclusión financiera, permitiendo a personas sin acceso a bancos tradicionales gestionar sus finanzas con seguridad y facilidad.

Las criptomonedas también están prestas a revolucionar los sistemas de pago. Con la posibilidad de realizar transacciones rápidas y seguras a cualquier parte del mundo, las criptomonedas ofrecen una solución a los altos costes y la lentitud de las transferencias de dinero internacionales. Además, la naturaleza descentralizada del blockchain garantiza que las transacciones sean más resistentes a la censura y la interferencia de terceros.

Otro campo de oportunidades lo representa la financiación descentralizada o DeFi. Este ecosistema financiero construido sobre tecnologías blockchain permite a los usuarios acceder a servicios financieros como préstamos, seguros y trading sin necesidad de intermediarios. DeFi tiene el potencial de ofrecer servicios financieros más accesibles y flexibles en comparación con el sistema bancario tradicional. Esta apertura puede resultar en un mayor empoderamiento financiero de individuos y empresas.

En términos de gobernanza económica, el uso de blockchain promueve la transparencia y la rendición de cuentas. Los registros inmutables y la naturaleza distribuida de la blockchain dificultan las prácticas corruptas y permiten un control más accesible y confiable sobre la gestión de recursos y fondos públicos. También se están desarrollando aplicaciones de identidad digital basadas en blockchain, que pueden proporcionar formas seguras y verificables de gestionar identidades en línea sin depender de entidades centralizadas.

Los avances en Inteligencia Artificial (IA) y el aprendizaje automático, combinados con blockchain, están creando nuevas oportunidades para mejorar la eficiencia de las operaciones económicas digitales. Estas tecnologías pueden ayudar a diseñar sistemas que automaticen las tomas de decisiones en tiempo real, optimicen las operaciones de la cadena de suministro y personalicen las experiencias de los usuarios. La IA también puede desempeñar un papel fundamental en la detección y prevención del fraude dentro de los sistemas económicos digitales.

Si bien las oportunidades emergentes son considerablemente prometedoras, también conllevan desafíos y riesgos. La volatilidad de las criptomonedas, los aspectos regulatorios y la comprensión pública limitada son barreras que deben ser superadas. A medida que la sociedad se adapta a estos cambios en la economía digital, es imprescindible fomentar la educación y desarrollar un entorno normativo que garantice la seguridad sin sofocar la innovación.

El resurgir de la economía digital está en marcha y, con él, se presentan oportunidades emergentes que tienen el potencial no solo de enriquecer sino de democratizar y hacer más inclusivo el acceso al mercado global. La adopción consciente y estratégica de estas tecnologías será clave para asegurar que sus beneficios se maximicen y que sus desafíos sean efectivamente gestionados. Con visión y liderazgo, las promesas de una economía revitalizada y mejorada por la tecnología están al alcance de nuestra sociedad.

Identificar y evaluar nuevos proyectos cripto se ha convertido en una tarea crucial para inversores, emprendedores y entusiastas de la economía digital. La irrupción de la blockchain y las criptomonedas ha generado un cambio paradigmático en la manera en que concebimos el dinero y las transacciones financieras. En este contexto, surgen a diario proyectos que buscan aprovechar las ventajas de esta tecnología para crear soluciones innovadoras que respondan a las necesidades de una sociedad cada vez más conectada.

El proceso de identificación de nuevos proyectos cripto conlleva un análisis exhaustivo que va más allá de la simple observación de tendencias de mercado o el seguimiento de recomendaciones. Es imprescindible realizar una investigación profunda que permita comprender la propuesta de valor del proyecto, sus fundamentos técnicos, la solidez del equipo desarrollador y el impacto potencial en la economía digital.

Una de las primeras etapas en la evaluación de un proyecto cripto es el análisis de su whitepaper o documento técnico. Este documento debe ser claro, conciso y contener información detallada sobre los objetivos del proyecto, la problemática que busca resolver y cómo planea hacerlo. Debe explicar el funcionamiento de la tecnología subyacente, cómo se generará y distribuirá la criptomoneda, qué protocolos de seguridad implementará y cómo se enfrentará a posibles retos técnicos y regulatorios.

El siguiente paso es investigar la viabilidad técnica del proyecto. Esto incluye revisar el código fuente si es público, lo cual es una práctica común en proyectos de código abierto. A través de esto, se puede obtener una visión de la atención al detalle y el rigor técnico del equipo de desarrollo. Además, se debe evaluar si el proyecto es innovador en su enfoque o si simplemente replica modelos existentes sin aportar mejoras significativas.

La solidez del equipo desarrollador es otro elemento crítico en la evaluación de un proyecto cripto. Es fundamental que el equipo tenga experiencia previa tanto en tecnología blockchain como en el sector al que se dirige el proyecto. Una buena señal es que miembros del equipo tengan un historial de éxitos en proyectos similares o una sólida formación académica o profesional que respalde su posición en el proyecto.

La comunidad también juega un papel importante en el éxito de un proyecto cripto. Una comunidad activa y comprometida puede ser un indicador de la confianza y el interés que genera el proyecto. Es importante observar la comunicación entre los desarrolladores y la comunidad, la frecuencia de actualizaciones y la transparencia en la gestión del proyecto.

Desde la perspectiva económica, es vital entender el modelo de negocio del proyecto. Cómo planea generar ingresos, cuál es su propuesta de valor y qué mecanismos de incentivo establece para los participantes en la red. Esto incluye evaluar la estructura de su ICO (Initial Coin Offering) o cualquier otro mecanismo de financiación, la distribución de tokens y las medidas para prevenir la manipulación del mercado.

En el ámbito regulatorio, se debe considerar el cumplimiento legal del proyecto con las legislaciones de las jurisdicciones en las que pretende operar. La regulación en torno a criptomonedas y blockchain es un terreno en constante evolución y puede tener un impacto significativo en el desarrollo y expansión de un proyecto cripto.

En resumen, identificar y evaluar nuevos proyectos cripto demanda un análisis meticuloso que abarque aspectos técnicos, económicos, legales y comunitarios. La due diligence es la piedra angular en la toma de decisiones informadas en la economía digital y puede marcar la diferencia entre invertir en un proyecto con potencial de éxito o uno destinado al fracaso. La excitante y dinámica esfera de la economía digital ofrece oportunidades sin precedentes, pero también requiere una comprensión sofisticada para navegar en sus aguas.

El nuevo resurgir de la economía digital
El papel de las criptomonedas en los juegos y aplicaciones descentralizadas.
La revolución tecnológica no ha dejado piedra sobre piedra en el vasto dominio de la economía global. En las últimas décadas, hemos sido testigos de un auge sin precedentes en el ámbito de criptoactivos y tecnologías descentralizadas, que han extendido sus brazos no solamente hacia la forma en que

gestionamos las finanzas, sino también al mundo del entretenimiento y del software en general.

Las criptomonedas, más allá de ser simples medios de intercambio o reserva de valor, se han erigido como piedras angulares en el desarrollo de una nueva serie de aplicaciones y juegos, conocidos como dApps (aplicaciones descentralizadas) y juegos basados en blockchain. Este nuevo panorama digital ha reconfigurado la dinámica económica dentro de los ecosistemas de juegos y ha proporcionado un terreno fértil para conceptos innovadores como el Play to Earn (P2E) y los NFTs (Tokens No Fungibles).

El ecosistema de juegos basados en blockchain representa una fusión de tecnología financiera y entretenimiento digital, estableciendo una economía interna que otorga valor real a los objetos virtuales y a las acciones de los jugadores. Los juegos P2E, en particular, han demostrado ser un modelo disruptivo al permitir que los jugadores obtengan ingresos en forma de criptomonedas por su participación y logros dentro del juego. Esta mecánica no solo incentiva la participación activa, sino que también abre la puerta a una economía digital paralela donde el tiempo y el esfuerzo pueden convertirse directamente en valor económico.

Los NFTs han irrumpido en la escena de los videojuegos como un componente integral de este nuevo escenario económico. Estos tokens únicos representan la propiedad de activos in-game como skins, avatares, equipos, e incluso terrenos y otros recursos digitales, creando una sensación de propiedad y valor que trasciende el mundo virtual. Los NFTs están vinculados a la blockchain, garantizando su autenticidad, escasez y, en consecuencia, su valor.

La tecnología blockchain, que es la columna vertebral de las criptomonedas, ofrece características deseables para los juegos y aplicaciones descentralizadas, como la transparencia, la seguridad y la inmutabilidad. Estas características son esenciales para construir confianza entre los usuarios, especialmente en entornos en línea donde las transacciones y las interacciones ocurren sin contacto físico.

Una gran ventaja de incorporar criptomonedas en este espacio es la facilidad con la que se pueden realizar microtransacciones. Las divisas tradicionales, al depender de instituciones financieras e intermediarios para la autorización y el procesamiento de pagos, a menudo encuentran limitaciones en la ejecución de pagos pequeños debido a las elevadas tarifas de transacción. Las criptomonedas, por otro lado, permiten transacciones fraccionarias con costes mínimos, lo que las hace ideales para la economía digital de los juegos.

Además, la adopción de criptomonedas en juegos y aplicaciones descentralizadas ha dado origen a comunidades autónomas en las cuales las decisiones de gobernanza y las actualizaciones del sistema pueden ser votadas y dictaminadas por los propios usuarios, basándose en mecanismos de consenso distribuidos. Esto fomenta un entorno colaborativo y participativo, donde los jugadores no solo son consumidores, sino también actores decisivos en el desarrollo y la evolución del juego.

A pesar de sus múltiples ventajas y su potencial disruptivo, el uso de criptomonedas en los juegos también plantea desafíos significativos, incluyendo la volatilidad de los precios de los activos digitales, preocupaciones de seguridad y privacidad, y la necesidad de un marco regulatorio adecuado que proteja a los usuarios sin obstaculizar la innovación.

En resumen, las criptomonedas están moldeando el futuro de los juegos y las aplicaciones descentralizadas, facilitando un sistema económico inclusivo y vanguardista dentro del mundo digital. Su capacidad para dotar a los elementos virtuales de valor tangible y para democratizar el proceso de toma de decisiones está allanando el camino hacia una era completamente nueva de interacción digital y económica. La revolución digital no ha hecho más que comenzar, y su horizonte es tan vasto y sorprendente como la misma tecnología que la impulsa hacia adelante.

El nuevo resurgir de la economía digital
Criptomonedas y el metaverso
Vivimos en una era donde la distinción entre lo real y lo virtual se desdibuja cada vez más. A medida que la economía digital evoluciona, el concepto del metaverso toma forma, ofreciendo un universo paralelo digital en el que las interacciones humanas se pueden llevar a cabo de formas antes inimaginables. En este entorno, las criptomonedas juegan un rol fundamental, actuando como la médula espinal de las transacciones y la economía dentro de estos mundos virtuales.

El metaverso, en su concepción más amplia, es una red de espacios virtuales interconectados donde la gente puede interactuar en tiempo real dentro de entornos que replican la complejidad del mundo físico, o crean nuevos paradigmas que en el plano tangible serían inviables. En este contexto, la economía se vuelve un aspecto crucial para el desarrollo de estos mundos digitales, donde toda transacción, inversión y movimiento financiero puede efectuarse gracias a la flexibilidad y seguridad que ofrecen las criptomonedas.

Las blockchain, las tecnologías de registros distribuidos que sustentan a las criptomonedas, son clave en este desarrollo, proveyendo una infraestructura en la que la propiedad, la identidad y las transacciones pueden registrarse y gestionarse de manera transparente y resistente a la censura. Esto es esencial en un entorno donde los activos digitales, desde bienes raíces virtuales hasta atuendos de avatares, adquieren un valor tangible y comercializable.

Dentro del metaverso, las criptomonedas no solo actúan como un medio de intercambio, sino que también permiten la creación de economías descentralizadas, autónomas y programables. Esto significa que los mecanismos económicos, como los préstamos, seguros y fondos de inversión, pueden ser estructurados y ejecutados a través de contratos inteligentes sin la necesidad de intermediarios tradicionales como los bancos.

Esta independencia de los sistemas financieros tradicionales ofrece diversas ventajas. Por un lado, incrementa la inclusión financiera permitiendo que usuarios de todo el mundo, independientemente de su acceso a los sistemas bancarios tradicionales, participen en la economía del metaverso. Por otro lado, favorece la innovación al eliminar barreras y reducir costos de transacción, lo que permite a los desarrolladores y emprendedores llevar a cabo proyectos que en el sistema tradicional serían impracticables.

La digitalización de la economía se manifiesta en cómo el dinero electrónico forma la base monetaria de estas plataformas virtuales. En dichas plataformas, las criptomonedas son utilizadas no solo como reserva de valor, sino también como una forma de energía que alimenta y facilita la experiencia del usuario dentro del metaverso. Esto se traduce en una economía interna vibrante donde el gasto y la inversión en bienes y servicios digitales son cotidianos y donde las criptomonedas auspician una nueva forma de monetización para creadores de contenido y desarrolladores.

En cuanto a los bancos digitales, estos también comienzan a encontrar su espacio en la economía del metaverso. Aunque por naturaleza los servicios financieros en el metaverso son descentralizados y automatizados gracias a las criptomonedas y los contratos inteligentes, hay un reconocimiento de que la gestión y asesoramiento financiero pueden añadir valor en estos nuevos entornos. Por tanto, vemos la aparición de entidades financieras virtuales que ofrecen servicios personalizados a sus clientes en el metaverso, redefiniendo el concepto de banca para adaptarse al entorno digital.

La integración de todo estos aspectos forma un ecosistema en el que la economía en internet alcanza nuevos horizontes. El metaverso, con el soporte de las criptomonedas y la infraestructura blockchain, postula un escenario en el que la economía digital no solo suplementa sino que en ciertos casos, trasciende la economía física. Los bienes y servicios que hoy son digitales encontrarán en el metaverso un mercado de masas, y las experiencias en línea se enriquecerán con la plena sensación de presencia y propiedad que solo estas tecnologías pueden ofrecer.

A medida que avanzamos en esta nueva etapa de la economía digital, el metaverso y las criptomonedas se revelan como actores claves en la transformación del paisaje económico. Este nuevo resurgir promete democratizar el acceso a los recursos económicos, potenciar la creatividad, y abrir un abanico de posibilidades que, hasta hace poco tiempo, eran consideradas el reducto de la ciencia ficción.

Consideraciones legales y fiscales en la economía digital

El avance tecnológico y la digitalización de la economía han propiciado una transformación radical de los sistemas financieros y de pago a nivel mundial. La implementación de las criptomonedas y las tecnologías blockchain, junto con la aparición de bancos digitales y el uso extendido del dinero electrónico, marcan el comienzo de una era económica altamente interconectada y descentralizada. Esta nueva realidad conlleva desafíos inéditos en el terreno legal y fiscal, forzando a los gobiernos y las instituciones a evolucionar en su manera de regular e imponer impuestos.

Desde una perspectiva legal, las criptodivisas como Bitcoin, Ethereum, y otros tantos activos digitales, han tenido que enfrentarse a una falta de regulación específica, lo que ha generado incertidumbre tanto en usuarios como en inversores. A medida que la adopción de estas tecnologías se hace más amplia, los reguladores han empezado a tomar nota de su impacto y a estudiar maneras de integrarlas dentro de los marcos legales vigentes. El desafío principal se encuentra en la naturaleza descentralizada de las criptomonedas y la blockchain, que no se ajusta fácilmente a los esquemas regulatorios diseñados para sistemas centralizados y controlados.

Fiscalmente, el panorama no es menos complejo. Las autoridades impositivas de diversos países han estado luchando para comprender y clasificar correctamente las criptodivisas. Algunos las tratan como propiedades, otros como divisas y hay quienes optan por considerarlas como una clase de activos totalmente nueva. Esta falta de consenso global dificulta la creación de políticas fiscales coherentes y adecuadas que abarquen las distintas modalidades de transacciones y ganancias generadas por estos activos.

Además, el traceo de transacciones realizadas con criptomonedas es desafiante, debido al anonimato y a la posibilidad de operar sin intermediarios. Esto ha generado preocupaciones en cuanto al lavado de dinero y la financiación de actividades ilícitas. Ante este escenario, los países han comenzado a requerir a las plataformas de intercambio de criptomonedas que implementen procedimientos de conocimiento del cliente (KYC, por sus siglas en inglés) y de reporte de transacciones sospechosas (AML).

Por otro lado, los bancos digitales y las plataformas de dinero electrónico están sujetos a una regulación más definida, en la que las licencias bancarias y las regulaciones de servicios de pago desempeñan un papel crucial. Sin embargo, la velocidad con la que evoluciona este sector obliga a revisar y actualizar constantemente dichas regulaciones para asegurar la protección del consumidor y la estabilidad financiera, al tiempo que se fomenta la innovación.

La economía digital no conoce fronteras, y esto presenta desafíos adicionales en cuanto a la jurisdicción y la fiscalidad internacional. La asignación de derechos tributarios, la transferencia de fondos y los precios de transferencia se vuelven elementos críticos que requieren consideración detallada por parte de las autoridades fiscales. En la era digital, la evasión fiscal y la elusión pueden tomar nuevas formas, y los gobiernos deben trabajar juntos para cerrar vacíos legales que permitan la erosión de la base imponible y el traslado de beneficios.

El esfuerzo por parte de organizaciones internacionales como la Organización para la Cooperación y el Desarrollo Económicos (OCDE) y el Grupo de Acción Financiera Internacional (GAFI) ha sido fundamental para establecer estándares y recomendaciones globales que ayuden a los países a lidiar con estos desafíos de la economía digital. La implementación de medidas como el Intercambio Automático de Información (AEOI), el Common Reporting Standard (CRS) y las iniciativas de la Economía Digital del Proyecto BEPS (Erosión de la Base Imponible y Traslado de Beneficios) buscan mejorar la transparencia fiscal y adaptarse a la realidad de la economía digital.

En conclusión, las consideraciones legales y fiscales en la economía digital son de una complejidad y envergadura significativas. La intersección entre innovación tecnológica, regulación financiera y legislación tributaria requiere un enfoque holístico y colaborativo a nivel global. Los gobiernos, las corporaciones y los individuos tienen la responsabilidad de contribuir al desarrollo de un marco regulatorio y fiscal que respalde el crecimiento y la estabilidad de la economía digital, al mismo tiempo que garantice la equidad, la legalidad y la protección frente a los riesgos asociados al anonimato y la descentralización de estos emergentes sistemas económicos.

Regulaciones y su impacto en las inversiones cripto
El mundo de la economía digital ha sido testigo de una revolución significativa con la llegada y consolidación de las criptomonedas y la tecnología blockchain. A medida que estas monedas digitales ganan popularidad y aceptación, también atraen una mayor atención por parte de los reguladores financieros de diferentes países. El desarrollo y la implementación de regulaciones en el espacio de las criptomonedas se han convertido en un tema candente, con implicaciones profundas tanto para los inversores como para el futuro de las finanzas digitales.
En las primeras etapas del surgimiento de las criptomonedas, había una especie de "salvaje oeste" donde la falta de regulaciones permitía casi cualquier tipo de actividad comercial e inversión. El anonimato y la descentralización eran los sellos distintivos de las primeras criptomonedas como Bitcoin, lo que permitía a los usuarios realizar transacciones sin la supervisión de una entidad central. Sin embargo, a medida que el mercado de las criptomonedas maduraba y crecía en tamaño y complejidad, también lo hacían las preocupaciones sobre las actividades ilícitas, el lavado de dinero y la evasión fiscal, lo que llevó a los gobiernos a considerar cómo podrían

encajar las criptomonedas en los marcos regulatorios existentes.

Las regulaciones cripto han sido introducidas con diversos objetivos. Algunos países buscan proteger a los inversores de fraudes y esquemas Ponzi, mientras que otros intentan evitar el uso de criptomonedas para el financiamiento del terrorismo o el lavado de dinero. Además, la estabilidad financiera, la protección del consumidor y la integridad del sistema monetario son consideraciones clave para los reguladores.

La introducción de regulaciones tiene un impacto significativo en las inversiones cripto. Por un lado, la regulación puede aportar credibilidad y legitimidad al mercado de las criptomonedas, incentivando a más inversores institucionales a entrar en el espacio. Esto puede llevar a un aumento de la liquidez y la estabilidad del mercado, lo que, en teoría, debería beneficiar a los inversores.

Por otro lado, las regulaciones también pueden introducir restricciones y complicaciones que afectan la accesibilidad y la rentabilidad de las inversiones cripto. Por ejemplo, las normativas de Conocimiento del Cliente (Know Your Customer, KYC) y Anti-Lavado de Dinero (Anti-Money Laundering, AML) han cambiado la forma en que los intercambios cripto operan, requiriendo información detallada de los usuarios y reportando transacciones sospechosas. Esto ha disminuido el anonimato, que era una de las propuestas de valor originales de las criptomonedas.

Las regulaciones fiscales también desempeñan un papel crucial. Los inversores en criptomonedas deben estar al tanto de las obligaciones tributarias que surgen de sus actividades comerciales. En muchos países, las ganancias de capital de la venta de criptomonedas están sujetas a impuestos, lo que obliga a los inversores a llevar un registro detallado de sus transacciones y posiblemente a pagar una parte significativa de sus ganancias en impuestos. Los marcos impositivos varían ampliamente entre jurisdicciones, añadiendo una capa adicional de complejidad a las inversiones globales en criptoactivos.

La incertidumbre regulatoria es otro factor que debe ser considerado. Las políticas cripto están en constante evolución, y lo que es legal hoy podría no serlo mañana. Esto crea un ambiente de incertidumbre que puede disuadir la inversión y la innovación. Los inversores necesitan estar constantemente al tanto de las últimas noticias y desarrollos regulatorios para asegurarse de que sus inversiones y estrategias de negocio siguen siendo legales y viables.

Adicionalmente, la fragmentación regulatoria entre diferentes jurisdicciones presenta retos para las empresas cripto y los inversores que operan en múltiples países. La falta de un enfoque global coherente puede llevar a la creación de "paraísos cripto", donde las regulaciones laxas atraen a empresas e inversores, mientras que otras regiones con regulaciones estrictas pueden repelerlos. Esto no solo complica la tarea de las empresas cripto de operar a escala global, sino también aumenta los riesgos para los inversores que podrían encontrarse inadvertidamente incumpliendo regulaciones en ciertas jurisdicciones.

A pesar de los desafíos y riesgos asociados, las regulaciones adecuadas pueden proporcionar un camino hacia la madurez y estabilidad de la economía cripto. La protección de los inversores, la transparencia en las operaciones financieras y la colaboración entre las empresas cripto y los reguladores son elementos cruciales para el éxito a largo plazo de las criptomonedas como clases de activos legítimos y sostenibles.

En conclusión, las regulaciones tienen un impacto significativo en las inversiones cripto, ofreciendo tanto desafíos como oportunidades. Los inversores inteligentes deben ser diligentes, adaptativos y siempre conscientes del ambiente regulatorio en evolución para navegar con éxito el resurgir de la economía digital.

Implicaciones fiscales del comercio de criptomonedas

La era contemporánea ha sido testigo de una evolución sin precedentes en el mundo de las finanzas con la llegada de la economía digital. Un componente clave que ha surgido de este panorama digitalizado es la criptomoneda, una forma de dinero electrónico que utiliza la tecnología blockchain para su emisión, transacción y seguridad. A medida que las criptomonedas se han vuelto más prevalentes, también han atraído la atención de las autoridades fiscales de todo el mundo, que buscan establecer marcos reguladores y fiscales para supervisar y gravar las operaciones realizadas con estos activos digitales.

La digitalización de la economía, y más específicamente el comercio de criptomonedas, presenta tanto oportunidades como desafíos para los sistemas fiscales tradicionales. La naturaleza descentralizada de las criptomonedas significa que no están reguladas por ninguna autoridad central, como un banco. Esto plantea preguntas significativas sobre cómo deben ser gravadas estas transacciones y cómo pueden los gobiernos rastrear e implementar tales impuestos de manera efectiva.

Para los inversores y usuarios de criptomonedas, es crucial comprender las obligaciones fiscales que conlleva el comercio de estos activos digitales. Aunque las regulaciones específicas pueden variar significativamente de un país a otro, hay algunas consideraciones generales que son comunes en muchas jurisdicciones.

En primer lugar, la mayoría de los países clasifican las ganancias obtenidas del comercio de criptomonedas como ingresos sujetos a impuestos. Esto significa que, al igual que con cualquier otro tipo de inversión, los contribuyentes deben informar las ganancias y pérdidas en sus declaraciones de impuestos. Los intercambios que implican criptomonedas a menudo se consideran eventos imponibles, con operaciones como la compra y venta de criptoactivos, el intercambio de una criptomoneda por otra, y la utilización de criptomonedas para la compra de bienes y servicios que requieren un análisis fiscal detallado.

Una cuestión particularmente compleja es cómo se determinan estas ganancias y pérdidas para fines fiscales. La valoración de las criptomonedas puede ser altamente volátil, por lo que establecer un valor justo de mercado en el momento de cada transacción puede ser un desafío. Los contribuyentes deben desarrollar un método consistente y razonable para calcular este valor, que a su vez influirá en la cantidad de impuestos adeudados.

La minería de criptomonedas también tiene implicaciones fiscales, ya que los ingresos obtenidos por esta actividad generalmente se consideran ingresos imponibles. Además, los mineros pueden incurrir en gastos que podrían ser deducibles, como el costo del hardware y la electricidad.

Por otro lado, la perspectiva fiscal no se limita a los impuestos sobre la renta. El comercio y propiedad de criptomonedas también puede tener implicaciones en cuanto a impuestos sobre el patrimonio, donaciones y otros gravámenes relacionados con la transferencia de activos. Además, las empresas que aceptan criptomonedas o las utilizan en sus operaciones diarias también deben considerar cómo estas actividades se integran en su estructura fiscal corporativa y en la presentación de informes.

Las autoridades fiscales se encuentran en un proceso de adaptación y actualización de sus sistemas para abordar las particularidades del comercio de criptomonedas. La transparencia, el intercambio de información entre jurisdicciones y la cooperación internacional son fundamentales para combatir la evasión fiscal y asegurar que todos los contribuyentes paguen su parte justa.

Adicionalmente, los bancos digitales y las empresas financieras que operan en la economía de internet están siguiendo de cerca la evolución de las regulaciones fiscales relativas a las criptomonedas. Para ellas, el desarrollo de un marco regulatorio claro es esencial para operar con seguridad y eficiencia, y para ayudar a sus clientes a cumplir con sus responsabilidades fiscales.

La economía digital está en constante cambio, y con ella, las regulaciones fiscales seguirán evolucionando para adaptarse a nuevos modelos de negocios y modalidades de intercambio de valor. Los contribuyentes, ya sean inversores individuales, empresas emergentes o corporaciones establecidas, deben mantenerse informados y asesorarse adecuadamente para navegar con éxito las complejas aguas de la fiscalidad de criptomonedas y salvaguardar sus intereses financieros.

Navegando por el panorama legal en diferentes jurisdicciones

El universo de la economía digital ha transformado de manera irrefutable el plano financiero global, configurando un ecosistema en constante evolución donde la tecnología blockchain y las criptomonedas se han convertido en piezas angulares de una nueva estructura económica. Sin embargo, este ascenso meteórico ha dejado atrás a los marcos regulatorios tradicionales, poniendo a prueba el alcance y la eficacia de las leyes existentes y planteando la necesidad urgente de una actualización y reinvención en la regulación de estas tecnologías emergentes.

En el corazón de esta nueva economía digital yace la discrepancia evidente entre la naturaleza descentralizada y global de las criptomonedas y la digitalización financiera, en contraposición a la regulación legal, la cual tradicionalmente ha operado dentro de fronteras nacionales bien definidas. Esta discordancia representa uno de los desafíos más significativos que enfrentan los entes reguladores al tratar de englobar en un marco coherente y efectivo a las plataformas de criptomonedas, los bancos digitales y otras formas de dinero electrónico que operan más allá de las barreras jurisdiccionales convencionales.

Las autoridades a nivel mundial han respondido de maneras muy diversas al surgimiento y proliferación de la criptoeconomía. Algunas han adoptado un enfoque progresista y han buscado fomentar la innovación mediante marcos legales flexibles diseñados para atraer a los emprendedores digitales, mientras que otras han sido más cautelosas o incluso restrictivas, citando preocupaciones sobre la seguridad, el lavado de dinero, la estabilidad financiera y la protección al consumidor.

En jurisdicciones líderes de la innovación, como Suiza y Malta, se han adoptado políticas con visión de futuro, estableciendo un entorno regulador que proporciona claridad legal sin sofocar el crecimiento. En Suiza, por ejemplo, se han definido categorías de tokens y se ha establecido un diálogo abierto entre reguladores y actores del mercado para garantizar que la innovación pueda florecer dentro de un entorno seguro y regulado. Malta, por otra parte, se ha esforzado por crear lo que han denominado una "Isla Blockchain", implementando tres leyes que juntas proveen un marco integral para la regulación de las tecnologías de ledger distribuido.

No obstante, incluso en estas jurisdicciones innovadoras, las empresas que operan en el espacio de la economía digital deben ser extremadamente diligentes al navegar por el terreno legal. Deben cumplir con las reglas de Conozca a su Cliente (KYC, por sus siglas en inglés) y de la prevención del lavado de dinero (AML), así como con los requisitos de licencia y reporte que pueden ser considerablemente detallados y técnicamente exigentes. Además, tales entidades se enfrentan al reto adicional de monitorizar y ajustarse a la continua evolución de las políticas y procedimientos regulatorios.

Por otro lado, jurisdicciones como China han tomado una postura más restrictiva. La prohibición de las Ofertas Iniciales de Moneda (ICOs, por sus siglas en inglés) y la posterior represión de las plataformas de intercambio locales son un claro reflejo del esfuerzo del gobierno chino por mantener el control sobre sus sistemas financieros y prevenir riesgos asociados a las fluctuaciones del mercado y a la especulación desmesurada. A pesar de estas restricciones, las innovaciones en tecnología financiera siguen adelante en China, aunque bajo un estricto control gubernamental, como lo demuestra el lanzamiento de la moneda digital del banco central, el yuan digital.

En Estados Unidos, la situación es notablemente compleja dado que los actores de la economía digital deben navegar no solo el marco federal sino también las variadas regulaciones estatales. La Comisión de Bolsa y Valores (SEC), la Red de Control de Crímenes Financieros (FinCEN), la Comisión de Comercio de Futuros de Materias Primas (CFTC), y otros organismos, han tomado pasos significativos para aclarar qué tipos de tokens son considerados valores bajo la ley estadounidense, al tiempo que han perseguido activamente a los infractores. Los requisitos de licencia como la conocida BitLicense en el estado de Nueva York, presentan otro nivel de cumplimiento normativo para las empresas dentro del estado que deseen participar en actividades relacionadas con criptomonedas.

A nivel de la Unión Europea, se espera que el régimen regulatorio se estandarice a través del paquete legislativo conocido como Mercados en Cripto-Activos (MiCA), destinado a armonizar las reglas aplicables a los cripto-activos en todos los estados miembros. Esto promete simplificar el entorno legal para los operadores de cripto-activos que buscan hacer negocios en Europa, ofreciendo un conjunto más claro de directrices y eliminando la necesidad de navegar por un paisaje fragmentado de regulaciones nacionales dentro del bloque.

En otras partes del mundo, como América Latina, el sudeste asiático y África, la variedad de enfoques regulatorios refleja no solo las diferentes filosofías económicas y políticas sino también las diversas etapas de adopción tecnológica y las necesidades particulares de economías emergentes. Algunos países, como El Salvador, han adoptado la audaz estrategia de legalizar el Bitcoin como moneda de curso legal, mientras que otros han optado por un enfoque más moderado que busca equilibrar el potencial para el crecimiento con las medidas de protección para sus ciudadanos y sistemas financieros.

El desafío inherente en navegar este territorio legalmente diverso radica no solo en entender y aplicar las leyes pertinentes hoy, sino también en prever y prepararse para las tendencias regulatorias futuras. Todo esto mientras se asegura que los desarrollos técnicos y negocios dentro de la economía digital no queden atrapados en una red burocrática que podría obstaculizar su innovación y crecimiento. Las empresas y emprendedores deben, por lo tanto, invertir significativamente en servicios legales y en compliance, manteniéndose actualizados con los cambios en el panorama normativo global, y a menudo, participando en el proceso de desarrollo de políticas a través de la promoción y el lobismo.

En resumen, navegar por el panorama legal en diferentes jurisdicciones requiere no solo agudeza y adaptabilidad sino también una participación activa en el diálogo regulatorio. El resurgir de la economía digital demuestra ser tanto una oportunidad como un desafío, pidiendo a las regulaciones existentes que se adapten rápidamente al ritmo vertiginoso del cambio tecnológico. Mientras tanto, la colaboración entre las partes interesadas – incluyendo reguladores, empresas y consumidores – es crucial para forjar un entorno legislativo que beneficie y proteja a todos los actores involucrados en esta nueva era de la economía global.

Construyendo un futuro descentralizado

El advenimiento de la economía digital ha transformado no solo la manera en que intercambiamos valor monetario sino también nuestra percepción sobre la propiedad, la confianza y la transparencia. En este escenario, la tecnología blockchain y las criptomonedas se posicionan como los pilares fundamentales de un ecosistema digital que promete una descentralización sin precedentes. Se perfila una nueva fase en la evolución económica, donde el dinero electrónico y los bancos digitales son solo la punta del iceberg de un fenómeno mucho más amplio y profundo.

La tecnología blockchain irrumpió en el panorama tecnológico con una propuesta que retaba uno de los principios más arraigados del mundo financiero: la centralización. Esta tecnología consiste en un registro distribuido que protege la integridad de la información mediante complejas operaciones criptográficas y un sistema de consenso donde las partes que no necesariamente se conocen o confían entre sí pueden llegar a un acuerdo sobre el estado válido de una cadena de bloques.

El uso de esta tecnología en criptomonedas como Bitcoin fue solo el comienzo. Si bien estas monedas digitales han mostrado ser herramientas potentes para la especulación y la acumulación de valor, su importancia intrínseca radica en la forma en que redefinen las transacciones económicas. Al eliminar intermediarios, las criptomonedas proponen un modelo de operaciones financieras más eficientes, rápidas y accesibles.

Como resultado, el concepto de dinero ha comenzado a experimentar una revolución. El dinero electrónico, en sus diferentes formas, se fusiona con las ideas de identidad digital y propiedad verificada a través de blockchain para crear un entorno económico transparente y automatizado. Las stablecoins, por ejemplo, ofrecen la estabilidad de las monedas fiduciarias con la eficiencia de las criptodivisas, allanando el camino para una adopción masiva de las criptomonedas en el día a día.

Los bancos digitales y las fintech han notado la potencialidad de estas tecnologías y están comenzando a integrar soluciones blockchain para agilizar sus servicios y reducir costos. En efecto, la tokenización de activos - el proceso de convertir derechos sobre un activo en un token digital en la blockchain - está abriendo las puertas a una nueva era de financiamiento y tenencia de activos.

La economía en internet se sostiene en pilares que brindan autonomía y poder a los usuarios, en contra de la tradicional concentración de poder en instituciones y corporativos. El ejemplo más contundente es el de los contratos inteligentes, que son programas autoejecutables almacenados en la blockchain que cumplen con las condiciones acordadas de manera automática sin necesidad de intermediarios. Esta tecnología facilita la creación de organizaciones autónomas descentralizadas (DAOs) y está poniendo las bases para que las actividades económicas y de gobernanza puedan ser llevadas a cabo de forma transparente y democrática.

Es evidente que nos hallamos al inicio de lo que podría ser una era dorada para la economía digital. Provistos de los instrumentos adecuados, individuos y empresas pueden ahora interactuar en un mercado global inmenso, eficiente y descentralizado. Este escenario nos lleva a cuestionar y redefinir nuestras nociones de privacidad, seguridad y soberanía económica.

El futuro descentralizado que estamos empezando a construir promete una mayor inclusión financiera y oportunidades equitativas para las personas alrededor del mundo. Sin embargo, junto con las promesas vienen desafíos significativos en cuestiones de regulación, escalabilidad y educación que deben ser abordados para asegurar una transición ordenada hacia este nuevo paradigma.

Los reguladores de todo el mundo están empezando a comprender el impacto de las criptomonedas y la digitalización de la economía, y están promoviendo marcos legales que protejan a los usuarios y al mismo tiempo permitan la innovación. A su vez, las criptomonedas y la tecnología blockchain se enfrentan al reto de escalar de manera sostenible, manteniendo la seguridad y la descentralización en un contexto de crecimiento exponencial de usuarios y transacciones.

Mientras tanto, es crucial que tanto los actores del sistema actual como los nuevos participantes adquieran el conocimiento necesario para operar en este ecosistema digital. La educación se convierte así en una piedra angular, posibilitando que todos puedan aprovechar las ventajas de las economías digitalizadas y dar forma a este futuro descentralizado de manera informada y consciente.

En última instancia, la construcción de un futuro descentralizado no es una tarea que recae únicamente sobre desarrolladores y expertos en tecnología, sino que representa una colaboración colectiva que involucra a gobiernos, instituciones, empresas y ciudadanos. A medida que nos embarcamos en este viaje, somos testigos y arquitectos de una revolución que puede redefinir nuestra economía, cultura y sociedad para las generaciones venideras.

La influencia de la tecnología blockchain en diferentes industrias

La tecnología blockchain, desde su concepción, ha demostrado tener un potencial transformador que supera con creces los límites del sector financiero. Su aplicación se extiende a una multitud de industrias, revolucionando la forma en que se administran y se intercambian datos e información. La promesa de descentralización, inmutabilidad y transparencia otorga a la blockchain un conjunto de características que hacen de ella una herramienta poderosa para solucionar problemas complejos y abrir nuevos horizontes en distintos ámbitos económicos.

Industria Financiera:

Sin duda alguna, la industria financiera ha sido la piedra angular y el punto de partida para el uso de la blockchain. Las criptomonedas como Bitcoin y Ethereum han demostrado que es posible tener un sistema de intercambio de valor sin la necesidad de intermediarios. Esto ha llevado a la disrupción del sistema bancario tradicional, que ahora se enfrenta al reto de adaptarse a esta nueva realidad. Los bancos están explorando cómo la blockchain puede mejorar los procesos de compensación y liquidez, reducir costos, y ofrecer nuevos servicios como los pagos transfronterizos en tiempo real.

Industria de la Cadena de Suministros:

La cadena de suministros es otra industria que se beneficia de las aplicaciones de blockchain. La capacidad de rastrear de manera confiable y transparente el origen y el recorrido de los productos desde su fabricación hasta su entrega es invaluable. La incorruptibilidad de los registros en la blockchain asegura que fabricantes, proveedores y consumidores puedan tener certeza de la autenticidad y el manejo adecuado de los productos a lo largo de toda la cadena de suministros.

Industria de la Salud:

La gestión de datos médicos representa un desafío significativo en la salud pública y privada. La blockchain ofrece una plataforma para almacenar registros de pacientes de manera segura y privada, al mismo tiempo que permite su acceso inmediato y compartido entre profesionales autorizados. Esta tecnología también ha abierto posibilidades para el desarrollo de investigaciones médicas con datos compartidos, sin comprometer la privacidad personal del paciente.

Industria Inmobiliaria:

En el sector inmobiliario, las transacciones suelen ser complejas, involucrando a numerosas partes y requiriendo un extenso papeleo. El uso de la blockchain simplifica este proceso al asegurar la veracidad de los títulos de propiedad y la ejecución de contratos inteligentes que garantizan que las transacciones sean cumplidas conforme a los términos acordados.

Industria del Entretenimiento:

El campo del entretenimiento y los medios también está descubriendo el potencial de la blockchain. En la música, por ejemplo, los artistas buscan nuevas formas de distribuir su trabajo manteniendo un mayor control sobre su propiedad intelectual y sus ingresos. La tecnología blockchain permite que los artistas reciban directamente los pagos de sus oyentes, superando las estructuras tradicionales de la industria discográfica.

Industria de la Energía:

En la industria energética, la blockchain ha introducido formas innovadoras de gestionar y distribuir energía. Sistemas basados en blockchain permiten la creación de mercados descentralizados donde los consumidores pueden comprar y vender energía de fuentes renovables sin depender de un proveedor centralizado.

Industria Legal:

El ámbito legal se enfrenta al reto de la digitalización y la automatización. La blockchain permite no solo la creación y ejecución de contratos legales inteligentes que se autoejecutan, sino que también facilita la autenticación y conservación de documentos y derechos de propiedad intelectual. La inmutabilidad de la blockchain asegura que una vez que un documento es registrado, su integridad y proveniencia estarán protegidas contra cualquier intento de fraude o falsificación.

Casos de éxito y estudio de fracasos
El mundo de la economía digital está repleto de historias que nos ofrecen tanto valiosas lecciones como ejemplos inspiradores. Desde la creación de Bitcoin y el surgimiento de una diversidad de criptomonedas y tecnologías basadas en blockchain, hasta la evolución de los bancos digitales y las aplicaciones de financiamiento descentralizado, los casos de éxito han transformado no solo el modo en que entendemos y utilizamos el dinero, sino también cómo concebimos la privacidad y la transparencia en las transacciones financieras.
Entre los casos de éxito más notables encontramos a Bitcoin, la primera criptomoneda, creada por una persona o grupo de personas bajo el seudónimo de Satoshi Nakamoto. Su diseño permitió por primera vez la transferencia de valor de forma descentralizada y segura, sin la necesidad de intermediarios financieros tradicionales. Su algoritmo de proof-of-work (Prueba de Trabajo) y la tenacidad de su red demostraron que es posible una forma alternativa de moneda digital y desencadenaron una revolución que aún continúa.
Otro ejemplo es Ethereum, plataforma que extendió el concepto de criptomoneda al introducir contratos inteligentes—programas que se ejecutan

automáticamente cuando se cumplen condiciones predeterminadas-. Ethereum ha permitido la creación de aplicaciones descentralizadas (DApps) y organizaciones autónomas descentralizadas (DAOs), abriendo un mundo de posibilidades para la automatización y la disminución de la confianza requerida en terceros.

Entre los bancos digitales, destacan aquellos como Revolut o N26, que han aprovechado las ventajas de la tecnología digital para ofrecer servicios financieros ágiles y personalizados, a menudo con tarifas más bajas que las de los bancos tradicionales. Estos bancos han sido pioneros en ofrecer cuentas multimoneda y en aprovechar el análisis de datos para brindar a sus clientes personalización y seguridad en sus transacciones.

Por el lado del dinero electrónico, sistemas como PayPal y Square han sido precursores en facilitar el comercio electrónico y los pagos móviles, haciendo las transacciones más accesibles para personas y negocios alrededor del mundo. Su continua innovación y adaptabilidad ante los cambios en el comportamiento del consumidor y la tecnología han hecho que se mantengan en la vanguardia de la economía digital.

Sin embargo, no todos los proyectos han tenido éxitos resonantes; algunos han sido lecciones duras para inversores y desarrolladores. Uno de los fracasos notorios fue el de la plataforma The DAO, construida sobre Ethereum. Un error en su código permitió que un atacante drenara una porción significativa de los fondos, lo que forzó a la comunidad de Ethereum a ejecutar un "hard fork" (bifurcación dura) para mitigar las pérdidas, un evento que resultó en la creación de dos cadenas de bloques: Ethereum y Ethereum Classic.

En el ambiente de las Initial Coin Offerings (ICOs), ha habido varios casos donde los proyectos no han logrado materializar sus promesas o directamente han resultado ser fraudes. OneCoin y Bitconnect son casos emblemáticos de esquemas ponzi disfrazados de criptomonedas, que resultaron en la pérdida de fondos de miles de inversores y mancharon la reputación de las iniciativas legítimas en el espacio de las criptomonedas.

También es importante mencionar los retos que enfrentan los bancos digitales, como los casos relacionados con la seguridad cibernética y el cumplimiento regulatorio. La rápida adopción de los servicios digitales implica una constante evolución de las amenazas de seguridad y un escenario regulativo que a menudo lucha por mantenerse actualizado con la innovación tecnológica.

La digitalización de la economía y la inclusión de la tecnología blockchain ha abierto oportunidades sin precedentes para el intercambio de valor, la transparencia y la eficiencia. Los casos de éxito nos muestran un futuro prometedor, mientras que los estudios de fracaso refuerzan la importancia de la diligencia, la regulación apropiada y la educación continua para evitar los tropiezos del pasado. El equilibrio entre la innovación y la prudencia será clave en el resurgir de una economía digital sólida y confiable.

Preparándonos para el cambio: adaptabilidad y educación

En la era de la economía digital, la adaptabilidad y la educación se convierten en pilares fundamentales para el desarrollo y el éxito tanto individual como colectivo. Las nuevas herramientas y conceptos que han surgido en el universo financiero digital demandan un enfoque diferente en la forma en que nos acercamos al aprendizaje y la gestión del cambio.

La economía digital, impulsada en gran medida por el advenimiento de las criptomonedas y la tecnología blockchain, ha desdibujado las fronteras tradicionales y ha creado un paisaje económico completamente nuevo. Esto ha dado lugar a formas inimaginables de transacciones y a la creación de nuevos empleos, negocios y oportunidades educativas. Estos avances disruptivos nos empujan hacia un proceso de aprendizaje continuo, en el que la capacidad de adaptarse rápidamente a las nuevas tecnologías se convierte en una competencia clave.

Adaptabilidad, la nueva competencia clave

La adaptabilidad como competencia implica la capacidad de ajustar nuestras habilidades y conocimientos para navegar por un entorno en constante evolución. En la economía digital, donde los modelos de negocio, las regulaciones y las tecnologías pueden cambiar de la noche a la mañana, ser adaptable es una ventaja competitiva.

Una de las áreas más notables de la economía digital es la proliferación del dinero electrónico y los bancos digitales. La adopción del dinero electrónico ha transformado la forma en que se realizan las transacciones financieras, reduciendo la necesidad de intermediarios y permitiendo la transferencia de fondos en tiempo real, de manera segura y eficiente. Los bancos digitales, por su parte, han presentado un modelo disruptivo que desafía a las instituciones financieras tradicionales, ofreciendo opciones de banca más accesibles, personalizadas y a menudo con mejores tasas y servicios que los bancos convencionales.

Para adaptarse a estos cambios, los individuos deben comprender los principios básicos del dinero electrónico, familiarizarse con las plataformas de banca online y entender los riesgos y beneficios asociados a la participación en la economía digital. La capacidad de aprender y adaptarse no solo es crucial para los consumidores, sino también para los profesionales que desean mantenerse relevantes en sus campos.

Educación continua, el motor de la adaptabilidad

La educación es la herramienta principal que nos permite adquirir y mejorar las competencias necesarias para la adaptabilidad. A medida que la economía en internet se expande y se vuelven más complejas, la educación continua se ha convertido en una necesidad, no solo por el desarrollo profesional, sino también personal.

Para navegar por la economía digital exitosamente, es esencial tener un entendimiento profundo de la tecnología blockchain, las criptomonedas y sus implicaciones en el mundo financiero. La formación en estos temas no solo proporciona un conocimiento técnico valioso, sino que también desarrolla habilidades críticas como el pensamiento analítico y la resolución de problemas.

Las plataformas de educación en línea han emergido como recursos indispensables para aprender sobre la economía digital. Cursos, webinars, talleres y certificaciones en línea permiten a individuos de todo el mundo adquirir conocimientos actualizados sobre los últimos desarrollos tecnológicos y tendencias del mercado. Estos recursos, a menudo desarrollados por expertos y líderes de la industria, proporcionan una educación accesible y flexible que se adapta a las necesidades de aprendizaje de cada persona.

El rol de las instituciones y las empresas en la promoción de una cultura de aprendizaje

Las instituciones educativas y las empresas desempeñan un papel fundamental en la configuración de una fuerza laboral preparada para los cambios de la economía digital. Las instituciones deben revisar y actualizar constantemente sus programas para incluir cursos relevantes que reflejen las habilidades demandadas en la economía digital. Esto puede incluir asociaciones con empresas del sector tecnológico para desarrollar currículos que ofrezcan experiencia práctica con las herramientas y sistemas actuales.

Por otro lado, las empresas tienen la responsabilidad de invertir en la capacitación y el desarrollo de sus empleados. Programas de formación internos, incentivos para la educación continua y espacios para la experimentación y el aprendizaje en el trabajo contribuyen a una cultura empresarial que valora y promueve la adaptabilidad.

Conclusión

La economía digital presenta desafíos y oportunidades sin precedentes. A medida que avanzamos hacia este nuevo horizonte, la adaptabilidad y la educación se convierten en las claves para no solo sobrevivir, sino prosperar en este dinámico entorno. Individuos, instituciones y empresas deben trabajar conjuntamente para fomentar un espíritu de aprendizaje continuo que permita aprovechar al máximo las posibilidades de la digitalización de la economía. La preparación para el cambio no es solo una inversión en el presente, sino un paso esencial para construir un futuro en el que la tecnología y la humanidad avanzan de la mano hacia un progreso compartido.

El nuevo resurgir de la economía digital es un fenómeno complejo y multifacético que ha transformado profundamente las bases sobre las cuales se construye y se transmite el valor económico en la sociedad. A lo largo de los capítulos anteriores, hemos explorado diversos aspectos y dimensiones de este cambio, tales como la tecnología detrás de las criptomonedas, la evolución de la blockchain, el surgimiento del dinero electrónico y los oscilantes ciclos de los bancos digitales. Hemos revelado cómo cada uno de estos elementos contribuye a una infraestructura financiera global renovada y descentralizada.

En el presente capítulo, nos adentraremos en el dominio de las estrategias avanzadas que pueden adoptar tanto individuos como instituciones en este vertiginoso espacio de la economía digital.

El ecosistema digital es testigo de un crecimiento sin precedentes en la utilización de criptoactivos y plataformas blockchain. En este contexto, la elaboración de estrategias innovadoras se vuelve crucial para navegar con éxito. Las estrategias que aquí presentamos tienen en cuenta múltiples factores como son los riesgos regulatorios, la volatilidad del mercado, la seguridad cibernética, y la aparición de nuevas formas de negocios y servicios financieros.

Una estrategia avanzada para el manejo de criptoactivos es la diversificación. La diversificación no solo es aplicable en el ámbito de las criptomonedas, sino en todas las clases de activos. Sin embargo, en el mundo de los criptoactivos, la diversificación debe ser enfocada aún con mayor detalle. No se trata solamente de tener diferentes criptomonedas, sino de invertir en distintos tipos de activos dentro del universo cripto, como pueden ser tokens de utilidad, tokens de seguridad, stablecoins y tokens de gobernanza. Además, se debe considerar la participación en proyectos de finanzas descentralizadas (DeFi), que ofrecen exposición a nuevas oportunidades de ingresos pasivos a través de la agricultura de rendimiento, el staking y la provisión de liquidez.

Por otro lado, la tokenización de activos tradicionales abre una nueva ventana de posibilidades. La representación de activos reales en forma de tokens en la blockchain permite la fraccionabilidad, la transparencia y la eficiencia en las transacciones. Esta estrategia puede democratizar el acceso a inversiones que tradicionalmente han sido exclusivas para inversores de alto capital, como el arte, bienes raíces y productos de inversión especializados.

La gestión de riesgos se establece como una piedra angular de cualquier estrategia en la economía digital. La volatilidad de los mercados de criptomonedas puede ser significativamente mayor que la de los mercados financieros tradicionales, lo que requiere medidas especializadas para el manejo del riesgo. El uso de futuros, opciones y otros instrumentos derivados puede ayudar a los inversores a protegerse contra movimientos adversos del mercado. Sin embargo, también es crucial entender los riesgos inherentes a estos instrumentos y abordarlos con cautela.

El marco regulatorio de las criptomonedas y la tecnología blockchain es todavía un territorio en evolución. Por ello, es esencial para los actores del mercado familiarizarse con la legislación vigente y mantenerse actualizados respecto a las nuevas regulaciones que puedan surgir. La adopción de estrategias que se anticipen a posibles cambios regulatorios no sólo protege contra riesgos legales, sino que también puede ofrecer ventajas competitivas a quienes se adapten rápidamente.

La seguridad cibernética no puede ser subestimada en una era donde los ataques informáticos son cada vez más sofisticados y tienen el potencial de comprometer activos digitales de gran valor. La implementación de procedimientos y tecnologías punteras para asegurar wallets, intercambios y otros servicios vinculados al manejo de criptoactivos es una necesidad imperante. Además, los usuarios y las instituciones deben estar educados y ser conscientes de las prácticas óptimas en cuanto a la seguridad digital.

Finalmente, la innovación en los modelos de negocio es un aspecto que caracteriza a la economía digital. Las start-ups y las empresas establecidas deben ser ágiles y estar dispuestas a adaptar y transformar sus modelos de negocio en respuesta a las oportunidades emergentes. El rápido avance de la tecnología, junto con las cambiantes demandas de los consumidores, significa que las estrategias comerciales deben ser revisadas y actualizadas con frecuencia para mantenerse relevantes y competitivas.

En conclusión, las estrategias avanzadas para el desempeño en la economía digital requieren de una comprensión profunda no solo de las herramientas y tecnologías disponibles, sino también del rápido cambio del entorno en el que estas herramientas se utilizan. La perspicacia, la flexibilidad y la voluntad de adaptarse al cambio son cualidades esenciales para aquellos que deseen liderar en este nuevo ámbito. A medida que las nuevas tecnologías de criptomonedas blockchain y la economía digital continúan madurando, también lo harán las estrategias que definirán a los líderes y los pioneros del mañana.

El nuevo resurgir de la economía digital está moldeando profundamente la manera en que interactuamos con el dinero y cómo conceptualizamos las transacciones financieras. En este contexto digital, aparecen conceptos vanguardistas y técnicas avanzadas que prometen una revolución en el flujo de capitales y la gestión de recursos. Una de estas técnicas es el arbitraje, una estrategia de inversión que se ha adaptado y refinado dentro del marco de la economía digital.
El arbitraje es el proceso por el cual se aprovechan las diferencias de precio de un mismo activo en distintos mercados. Los operadores de arbitraje, conocidos como arbitradores, buscan simultáneamente comprar a un precio bajo en un mercado y vender a un precio más alto en otro, beneficiándose de la discrepancia temporal en la valoración del activo. En teoría, el arbitraje es un mecanismo que contribuye a la eficiencia del mercado al ayudar a igualar los precios en diferentes plataformas.

Con las criptomonedas, el arbitraje ha adquirido matices únicos debido a la rapidez con la que se mueve este mercado y la volatilidad inherente a los activos digitales. La infraestructura blockchain y su naturaleza descentralizada originan frecuentes oportunidades de arbitraje, especialmente porque las criptomonedas se negocian en numerosos exchanges que funcionan en paralelo y pueden presentar divergencias significativas en sus cotizaciones.

Los modernos arbitrajistas digitales utilizan herramientas automatizadas, como bots de arbitraje, que están programados para detectar y ejecutar operaciones de arbitraje en milisegundos. Estos bots pueden monitorear continuamente varios mercados de criptomonedas y ejecutar operaciones de compra y venta cuando se identifican diferencias de precio que justifiquen el potencial de ganancia después de tomar en cuenta las comisiones de transacción.

Además del arbitraje simple o espacial, otra variante es el arbitraje triangular. Esta táctica se realiza dentro del mismo exchange y consiste en tomar ventaja de las diferencias de precio entre tres criptomonedas para obtener un beneficio. Por ejemplo, se podría cambiar Bitcoin por Ethereum cuando la tasa BTC/ETH sea favorable, luego Ethereum por Ripple si la tasa ETH/XRP es oportuna, y finalmente, Ripple por Bitcoin si el retorno a BTC concluye la serie de transacciones con más Bitcoin del que se inició.

El arbitraje estadístico, o "pairs trading", es una técnica más compleja que implica la correlación entre dos activos. Cuando la relación entre los dos precios se desvía de su promedio histórico, el arbitrador puede asumir una posición larga en el activo infravalorado y una posición corta en el sobrevalorado, apostando al retorno a su equilibrio habitual. En el contexto digital, el pairs trading puede aplicarse no solo a pares de criptomonedas sino también entre una criptomoneda y un activo tradicional, como acciones de empresas relacionadas con tecnologías blockchain.

El éxito de estas técnicas de arbitraje depende de varios factores, incluida la eficiencia operativa para llevar a cabo rápidamente las transacciones, la comprensión profunda de los costos asociados como tarifas de transacción o slippage (deslizamiento de precio durante la ejecución de una operación), y también la capacidad para gestionar los riesgos, especialmente vinculados con la volatilidad de los activos digitales y la incertidumbre regulatoria.

A medida que la economía digital sigue evolucionando, otras técnicas sofisticadas como la minería de liquidez y el staking ofrecen nuevas formas para que los participantes interactúen y se beneficien dentro de este ecosistema. La minería de liquidez implica proporcionar fondos a un pool de liquidez en un exchange descentralizado para facilitar el comercio entre distintas criptomonedas. Los proveedores de liquidez obtienen una recompensa en forma de comisiones de transacción o tokens nuevos, proporcionales a la cantidad de liquidez que aportan. Por otro lado, el staking permite a los tenedores de ciertas criptomonedas participar en la validación de transacciones en redes Proof of Stake (Prueba de Participación) y recibir recompensas por aportar seguridad y capacidad de procesamiento a la red.

En resumen, el arbitraje y otras técnicas sofisticadas son elementos fundamentales en la maquinaria de la economía digital que no solo ofrecen oportunidades de inversión sino que también contribuyen a la creación de un mercado más eficiente y líquido. A medida que la digitalización avanza, es probable que veamos un mayor desarrollo de estas estrategias, así como la aparición de nuevas técnicas que incrementen aún más la profundidad y sofisticación de la economía en internet.

El nuevo resurgir de la economía digital, en sus formas más modernas y sorprendentes, se encuentra indisolublemente ligado al desarrollo y empleo de algoritmos sofisticados y bots de trading. Estas herramientas informáticas han revolucionado la forma en la que los mercados financieros operan, ofreciendo a los inversores una plétora de nuevas oportunidades así como retos únicos que afrontar.
En el contexto de las criptomonedas y la blockchain, los algoritmos de trading cumplen una función crítica. Diseñados para analizar grandes cantidades de datos en tiempo real, estos programas informáticos pueden identificar tendencias de mercado, cambios en el volumen de transacciones y señales de entrada y salida, mucho más rápidamente de lo que un ser humano podría hacer. Esto se debe a su capacidad para procesar y ejecutar transacciones a una velocidad y precisión asombrosas, lo cual es especialmente valioso en un mercado que opera 24/7 y que es conocido por su alta volatilidad.
Los algoritmos de trading no son nuevos en el mundo financiero. Sin embargo, la era de la economía digital ha llevado a un perfeccionamiento significativo de estas herramientas, adaptándolas a los distintos activos, especialmente las criptomonedas, y a las plataformas de intercambio. Los bots de trading

automatizado, por otro lado, son sistemas que utilizan dichos algoritmos para ejecutar operaciones de compra y venta sin la intervención directa del usuario. Estos bots pueden estar programados para seguir una estrategia específica, ajustarse a ciertas reglas de riesgo o hacer ambas cosas al mismo tiempo.

Una de las principales ventajas de los bots de trading es su capacidad para operar basándose en lógica pura y sin emociones que pudieran nublar el juicio de los traders humanos. Esto significa que un bot seguirá estrictamente el sistema o la estrategia predeterminada, incluso en momentos de gran incertidumbre o estrés en el mercado. Además, al no necesitar descansar, estos bots pueden monitorear los mercados y ejecutar operaciones durante todo el día y la noche, asegurando que ninguna oportunidad de trading favorable se pierda por limitaciones humanas.

Por supuesto, el uso de estos sistemas automatizados viene con su propio conjunto de desafíos. Uno de ellos es el overfitting, que ocurre cuando un algoritmo se ajusta demasiado a los datos históricos sobre los que se ha entrenado, perdiendo así su capacidad de predecir y actuar eficientemente en situaciones de mercado en tiempo real. Para contrarrestar esto, los creadores de bots deben garantizar que sus algoritmos sean lo suficientemente flexibles como para adaptarse a las condiciones cambiantes del mercado.

La seguridad también es una consideración importante en el uso de bots de trading. Dado que estos bots manejan información sensible y tienen acceso a fondos, es imperativo que cuenten con fuertes protocolos de seguridad para prevenir cualquier acceso no autorizado o malintencionado.

Otro aspecto crucial en el trading automatizado es la capacidad de backtesting, el proceso de probar un algoritmo o bot en datos históricos del mercado para evaluar su efectividad antes de ponerlo en uso en un entorno de mercado en vivo. Sin un backtesting adecuado, los inversores corren el riesgo de desplegar estrategias no probadas que podrían traer consigo resultados desastrosos.

Mientras tanto, la digitalización de la economía y el papel cada vez más preponderante del dinero electrónico y los bancos digitales han abierto aún más la puerta a la automatización. Las plataformas de trading en línea y las aplicaciones móviles de las instituciones financieras ahora ofrecen interfaces donde los bots de trading pueden ser fácilmente integrados, permitiendo que una amplia gama de usuarios desde individuos hasta grandes corporaciones se beneficien de sus servicios.

En resumen, el algoritmo y los bots de trading son componentes esenciales en el panorama de la economía digital contemporánea. Su correcta implementación puede conducir a una eficiencia de mercado mejorada, mayores ganancias y una mejor gestión de riesgos. Sin embargo, para que su uso sea efectivo y seguro, se requiere una comprensión profunda tanto de la tecnología subyacente como de los mercados en los que se despliegan. La economía en Internet ha abierto un sinfín de posibilidades, pero como con cualquier instrumento poderoso, viene con la necesidad de un manejo prudente y responsable.

El nuevo resurgir de la economía digital

El poder de las comunidades cripto y la información compartida

Las comunidades cripto han emergido como fundamentales para el desarrollo y éxito de proyectos basados en la tecnología blockchain. Estas comunidades no solo representan a los usuarios y holders de criptomonedas, sino que también son un núcleo crucial para la toma de decisiones, la difusión de conocimiento y la colaboración.

Los entusiastas de las criptomonedas se congregan en foros, redes sociales y plataformas de mensajería específicas donde comparten información, discuten nuevas tendencias y colaboran en proyectos. En un mundo tan dinámico y cambiable como el digital, estas comunidades virtuales se han convertido en fuente primaria de información para inversores, desarrolladores y cualquier interesado en aprender sobre esta economía emergente.

Además de las discusiones generales, muchas criptomonedas tienen comunidades dedicadas que se centran en todo lo relacionado con la moneda específica o el proyecto en cuestión. Debido a la naturaleza descentralizada de la tecnología blockchain, las comunidades son a menudo las responsables de la gobernanza de los proyectos. Los miembros votan sobre propuestas importantes, como actualizaciones de protocolos o distribución de fondos de desarrollo, práctica conocida como gobierno descentralizado o DAO (Organización Autónoma Descentralizada).

En el ámbito de la información compartida, estas comunidades son esenciales. A través de ellas, se transmite el conocimiento de expertos a novatos, lo que ayuda a educar y aumentar las habilidades de todos los miembros interesados. Además, sirven como un mecanismo de advertencia temprana sobre fraudes y malas prácticas, siendo fundamentales para la seguridad de los participantes en el mercado. Las comunidades también son a menudo una fuerza motriz detrás de la innovación, donde desarrolladores comparten código abierto y colaboran para mejorar actualizaciones y revisar el código.

La digitalización de la economía ha llevado a la creación de relaciones sin precedentes entre el dinero electrónico y sus usuarios. Los bancos digitales, al no disponer de sucursales físicas, suelen basarse fuertemente en comunidades en línea para el servicio al cliente y la retroalimentación de los usuarios. Este nivel de interacción permite una mejora constante de los servicios y la adaptación a las necesidades de los usuarios en tiempo real.

El rol de la información compartida en la economía digital no puede ser subestimado. En un ámbito donde el cambio es la única constante, tener acceso a la información más actualizada y relevante confiere una ventaja competitiva. Los datos sobre las tendencias de mercado, la evolución de precios de criptomonedas, análisis técnicos y fundamentales, y noticias del sector son cruciales para la toma de decisiones informadas, y todo esto es posible gracias a la colaboración y el intercambio en comunidades centradas en la economía digital.

Los mercados financieros tradicionales se han caracterizado por ser cerrados y menos accesibles. En comparación, el mercado de criptomonedas es inherentemente abierto y democrático, lo que permite a cualquier persona con una conexión a internet participar y contribuir. Este intercambio libre de información ha democratizado las inversiones financieras y ha proporcionado oportunidades de participación económica a escala global.

La fuerza colectiva de las comunidades cripto también se manifiesta en eventos de crowdfunding y financiación colectiva. Muchos proyectos de blockchain se financian a través de ICO (Ofertas Iniciales de Moneda), IEO (Ofertas Iniciales de Exchange) o mediante otras formas de ofertas tokenizadas, las cuales dependen en gran medida del soporte y la promoción comunitaria para tener éxito. Estos eventos de financiación han revolucionado la forma en que las startups obtienen capital, alejándose del modelo tradicional y acercándose a un modelo más inclusivo y participativo.

Finalmente, es importante destacar también la importancia de la transparencia y la confianza en estas comunidades. La adopción de prácticas de gobernanza claras y justas fomenta un entorno más estable y seguro para los inversores. Los protocolos de criptomonedas que valoran y fomentan la participación comunitaria tienden a desarrollar un nivel más elevado de compromiso y lealtad entre sus usuarios.

En resumen, el poder de las comunidades cripto y la información compartida es un pilar de la economía digital. A medida que la adopción de criptomonedas y tecnologías blockchain continúe creciendo, la influencia y el valor de estas comunidades probablemente aumentará, reforzando su papel como catalizadores de la innovación, la inclusión y la transparencia en la economía del futuro.

Introducción

El mundo ha sido testigo de una revolución silenciosa y persistente desde la llegada del Internet, una que gradualmente ha venido transformando el campo de las finanzas y la economía en sus más variadas formas. La proliferación de tecnologías digitales ha abierto un capítulo inédito en la historia de la economía global, caracterizado por la digitalización masiva y la aparición de nuevas formas de moneda y transacciones financieras, como lo es la criptomoneda. Hoy estamos al borde de un nuevo resurgir de la economía digital. Un panorama donde la blockchain, el dinero electrónico y los bancos digitales no son meras curiosidades tecnológicas, sino pilares fundamentales de un nuevo orden financiero mundial.

Resumen y Reflexiones sobre un Futuro Cripto-Financiero

El Nuevo Resurgir de la Economía Digital

La economía digital global está en constante evolución. Cada día, la incorporación de innovaciones como el blockchain y el dinero electrónico transforma la manera en que se realizan transacciones y se manejan activos financieros. El corazón de este cambio es la criptomoneda, una forma de moneda digital que combina principios de criptografía avanzada con sistemas de contabilidad distribuida para crear un medio de intercambio seguro y descentralizado.

El Potencial del Blockchain

Las criptomonedas son sólamente la punta del iceberg en lo que respecta al potencial de la tecnología blockchain. Este listón de registros inalterables y distribuidos puede revolucionar prácticamente cualquier industria que dependa de la confianza y la verificación de información. Desde cadenas de suministro hasta sistemas de votación, contratos inteligentes y más allá, las aplicaciones del blockchain prometen un futuro donde la transparencia y la seguridad son la norma, no la excepción.

Digitalización de la Economía

La transición hacia una economía completamente digital ya está en marcha. Compañías de todas las industrias están integrando tecnologías digitales a sus operaciones, tanto en la manera en que interactúan con los clientes, como en la gestión de recursos y la optimización de procesos internos. El dinero electrónico es solo un ejemplo de cómo la digitalización está facilitando transacciones más rápidas, seguras y eficientes.

Bancos Digitales: El Nuevo Paradigma

En este emergente paisaje económico, los bancos digitales se han posicionado como actores clave. Estas entidades, que operan exclusivamente en línea, han desafiado el modelo tradicional de la banca con una oferta centrada en la accesibilidad y la personalización del servicio al cliente. La implementación de la inteligencia artificial y el análisis de datos les permite ofrecer productos financieros ajustados a las necesidades individuales de cada usuario, recalibrando continuamente su enfoque para maximizar la satisfacción del cliente.

Economía en Internet: Un Mercado Sin Fronteras

Internet ha desmaterializado las barreras geográficas, creando un mercado verdaderamente global. Las plataformas de e-commerce, pagos online y mercados de criptomonedas han consolidado un espacio económico donde las transacciones se pueden llevar a cabo a cualquier hora y desde cualquier lugar. La fluidez y versatilidad de la economía en línea auguran un futuro en el que las limitaciones físicas serán cada vez menos relevantes para los actores económicos.

El Futuro Cripto-Financiero

La convergencia de todas estas tendencias promete un futuro fascinante y, en ciertos aspectos, insondable. Después de todo, nos encontramos en las etapas iniciales de lo que podría ser la mayor transformación económica y financiera de nuestra era. En ese futuro, criptoactivos como el Bitcoin y el Ether podrían coexistir con monedas digitales emitidas por los bancos centrales, creando un ecosistema financiero amplio y diversificado.

Reflexiones sobre el Camino a Seguir

Habiendo esbozado los contornos de lo que podría ser el nuevo resurgir de la economía digital, es momento de reflexionar sobre los desafíos y las oportunidades que presenta este horizonte. La adaptabilidad y la capacidad de innovación serán cruciales para las instituciones, las empresas y los individuos. La educación y la formación en competencias digitales no serán opcionales, sino requisitos esenciales para participar plenamente en la economía del futuro.

Por otro lado, la regulación se presentará como un doble filo. Por un lado, es claro que es necesaria para proteger a los usuarios, garantizar la estabilidad del sistema financiero y evitar actividades ilícitas. Por otro lado, la regulación excesiva o mal orientada podría sofocar la innovación y relegar a ciertos sectores de la población al margen de estos avances.

Finalmente, las consideraciones éticas no pueden ser ignoradas. La disrupción tecnológica amenaza con amplificar las desigualdades existentes y crear nuevas formas de exclusión. A medida que avanzamos hacia este resplandeciente futuro cripto-financiero, será crucial que los beneficios de la economía digital sean compartidos de manera justa, y que se implementen salvaguardias para proteger no solo la economía en su conjunto, sino el bienestar de cada individuo que la conforma.

Conclusión

La economía digital es una realidad en constante expansión, y su nuevo resurgir es inminente y desbordante de posibilidades. A medida que la tecnología blockchain y las criptomonedas solidifiquen su posición en el tejido de las finanzas globales, la habilidad para adaptarse y la disposición para abrazar la innovación determinarán quienes prosperarán en este nuevo orden mundial. Nuestra reflexión sobre el futuro cripto-financiero subraya la importancia de la preparación, la mente abierta y el compromiso ético como pilares para construir una economía digital que beneficie a todos y cada uno en nuestra sociedad global interconectada.

El nuevo resurgir de la economía digital
La importancia de la innovación y la responsabilidad
Vivimos en una era donde la digitalización de la economía no solo modifica las estructuras económicas tradicionales, sino que también redefine la forma en que concebimos el valor, la propiedad y el intercambio. Las criptomonedas y la tecnología blockchain son solo la punta de lanza de una revolución mucho más amplia que abarca desde el dinero electrónico hasta los bancos digitales, delineando un nuevo contorno para toda la economía en internet. Pero ¿qué papel juega la innovación en

este proceso de cambio y cómo se entrelaza con la responsabilidad en la construcción de una economía digital sostenible?

La palabra "innovación" evoca una imagen de cambio y avance, es un motor fundamental para el crecimiento económico y la mejora de la calidad de vida. La innovación en la economía digital abarca el desarrollo de nuevas tecnologías, procesos y modelos de negocio que abordan desafíos existentes y emergentes de formas sin precedentes. Con el resurgir de la economía digital, la capacidad para innovar y adaptarse rápidamente a las nuevas condiciones del mercado no es solo ventajosa, sino esencial para la supervivencia y el éxito a largo plazo.

Los emprendimientos en el ámbito de la criptomoneda y blockchain son ejemplos destacados de innovación. La blockchain, originariamente creada como una base de datos descentralizada para Bitcoin, ha encontrado aplicaciones que van desde el registro de propiedad intelectual hasta el seguimiento de la cadena de suministro y la creación de contratos inteligentes. Estos contratos inteligentes, autoejecutables y basados en la tecnología blockchain, están transformando las relaciones contractuales, reduciendo la necesidad de intermediarios de confianza y abriendo posibilidades para negocios y servicios autónomos y descentralizados.

Por otro lado, la innovación en los servicios financieros ha dado lugar a la aparición de bancos digitales. Estos bancos, operando en su totalidad en el ciberespacio, ofrecen una gama de servicios financieros tradicionales junto con otros nuevos y adaptados a las demandas de una clientela global y conectada digitalmente. Ofrecen la posibilidad de realizar transacciones instantáneas, globales y a menudo con tarifas más bajas en comparación con los bancos tradicionales.

Sin embargo, la innovación, por más poderosa que sea, trae consigo la responsabilidad de asegurarse de que las tecnologías emergentes se implementen de una manera que no solo genere riqueza, sino que también promueva la equidad y la sostenibilidad. La responsabilidad en la economía digital abarca varias dimensiones: desde la ética en el desarrollo y uso de tecnologías hasta el impacto socioeconómico y ambiental de dichas innovaciones.

Es aquí donde entran en juego conceptos como la inclusión financiera y la alfabetización digital. Por ejemplo, las criptomonedas tienen el potencial de otorgar acceso a servicios financieros a aquellos que, de otro modo, estarían excluidos del sistema financiero tradicional. Sin embargo, esto solo será posible si se toman en cuenta los obstáculos significativos relacionados con la comprensión y el uso seguro de estas tecnologías. Las iniciativas educativas y las regulaciones sensatas son necesarias para asegurar que la población en general pueda participar y beneficiarse de la economía digital, sin exponerse a riesgos innecesarios.

La responsabilidad también implica atender los desafíos que plantea la seguridad cibernética. A medida que aumenta nuestra dependencia de las soluciones digitales, también lo hace nuestra vulnerabilidad a los ataques cibernéticos. La protección de datos personales y la seguridad del patrimonio digital se convierten en asuntos de alta prioridad, no solo para individuos sino también para empresas y gobiernos.

Además, el impacto ambiental de la tecnología digital, en particular de la minería de criptomonedas, es una preocupación creciente. La energía consumida en estos procesos ha llevado a un debate acerca de la sostenibilidad de dichas tecnologías y el desarrollo de alternativas más ecológicas. La responsabilidad ambiental es, por lo tanto, una parte integral de la innovación en la economía digital; requerimos de prácticas que mitiguen el impacto ambiental sin frenar el avance tecnológico.

Con la innovación llega el cambio, y con el cambio, la necesidad de regulaciones y políticas que aseguren que la economía digital avance de una manera que sea éticamente sólida y socialmente responsable. Las políticas regulatorias deberán abordar cuestiones de privacidad, competencia, protección del consumidor y seguridad. Estas políticas necesitan ser flexibles y evolucionar a la par con las tecnologías para apoyar la innovación y al mismo tiempo proteger a los participantes del mercado y a la sociedad en conjunto.

La economía digital está marcada por una constante evolución. Las tecnologías emergentes como la inteligencia artificial, el Internet de las Cosas (IoT) y el aprendizaje automático están convergiendo con la economía digital, creando nuevos productos, servicios y modelos de negocio que hace una década eran difíciles de imaginar. La innovación y la responsabilidad no son solo imperativos para las empresas y la sociedad; son los pilares sobre los cuales se construye, sostiene y expande el nuevo resurgir de la economía digital.

En resumen, la innovación impulsa el progreso, pero la responsabilidad asegura que este progreso beneficie a todos y sea sostenible a largo plazo. El futuro de la economía digital dependerá de cómo equilibremos estos dos elementos, forjando un camino que sea inclusivo, seguro y resiliente frente a los desafíos venideros. La promesa de una economía digital próspera solo se cumplirá si la innovación y la responsabilidad van de la mano hacia la creación de un futuro en el cual la tecnología sirva de base para el bienestar y el desarrollo de la humanidad entera.

Glosario de Términos Cripto y Blockchain
Address (Dirección)
Una cadena alfanumérica única que indica un destino para una criptomoneda. La dirección es como una cuenta bancaria para las transacciones de criptomonedas y está diseñada para recibir activos digitales.
Altcoin
Cualquier criptomoneda que no sea Bitcoin. Estas alternativas a Bitcoin pueden variar en sus tecnologías, usos y aplicaciones. Ejemplos típicos incluyen Ethereum, Ripple (XRP) y Litecoin (LTC).
ASIC (Application-Specific Integrated Circuit)
Un circuito integrado personalizado diseñado específicamente para minar criptomonedas de forma muy eficiente, usualmente Bitcoin, lo que lo hace más eficaz que las configuraciones de hardware más genéricas.
Blockchain
Una cadena de bloques es un libro de contabilidad digital distribuido y descentralizado que registra transacciones en múltiples ordenadores de manera

que el registro no puede ser alterado retroactivamente sin la alteración de todos los bloques subsiguientes.

Block Reward (Recompensa del Bloque)

Es la cantidad de criptomonedas dadas como recompensa al minero que ha confirmado con éxito las transacciones de un bloque en blockchain. La cantidad puede disminuir a lo largo del tiempo en eventos conocidos como "halving".

Cold Wallet (Billetera Fría)

Un método de almacenamiento seguro de criptomonedas fuera de línea. Puede ser un dispositivo físico, como una unidad USB, o un pedazo de papel con información clave, y se utiliza para proteger los activos de los ataques cibernéticos, el software malicioso y otros riesgos de seguridad.

Consensus (Consenso)

Un proceso mediante el cual los nodos de una red de blockchain llegan a un acuerdo sobre el estado de la red y la validez de las transacciones, asegurándose de que cada copia del libro distribuido sea la misma.

Crypto Exchange (Intercambio de Criptomonedas)

Plataformas que permiten a los usuarios comprar, vender e intercambiar criptomonedas por otras monedas digitales o fiat. Actúan como intermediarios entre los compradores y los vendedores y, a menudo, ofrecen funciones de billetera para almacenamiento.

Decentralization (Descentralización)

La distribución del poder y control de una red o sistema donde no hay un solo punto de autoridad, lo que contribuye a la seguridad y transparencia.

dApp (Aplicación Descentralizada)

Una aplicación que opera en una red descentralizada, respaldada por la tecnología blockchain, lo cual además implica que no es controlada por una entidad única y no tiene un único punto de fallo.

ERC-20

Uno de los estándares técnicos más significativos utilizados para smart contracts en la blockchain de Ethereum para la implementación de tokens. ERC-20 define un conjunto común de reglas para hacer compatibles los tokens dentro del ecosistema Ethereum.

Faucet

Una sistema o página web que distribuye pequeñas cantidades de criptomonedas gratuitas a los usuarios, usualmente con el objetivo de introducir a las personas a una moneda digital específica o para incentivar a nuevos usuarios a unirse a una red.

Fiat

Monedas tradicionales que son emitidas por los gobiernos y no están respaldadas por un commodity físico, como el oro o la plata, sino más bien por la fe y crédito de la economía que las representa. Ejemplos incluyen el dólar estadounidense (USD), el euro (EUR) y el yen japonés (JPY).

Gas (Ethereum)

Una unidad que mide la cantidad de poder computacional requerido para realizar operaciones en la red Ethereum, como transacciones o ejecutar smart contracts. Las tarifas de gas son pagadas en Ether, la moneda nativa de Ethereum.

Halving

Un evento programado en el que la recompensa por minar un nuevo bloque en la blockchain se reduce a la mitad. Esto sucede en la red Bitcoin aproximadamente cada cuatro años y afecta la tasa en que se generan nuevas monedas, potencialmente influyendo en el valor del activo.

Hard Fork

Una actualización radical del protocolo de una red blockchain que hace que las versiones antiguas y las nuevas sean incompatibles entre sí. Esto a menudo resulta en una división de la cadena y la creación de una nueva criptomoneda.

Hash Rate

La velocidad a la que se completan las operaciones de cálculo en una red blockchain. Se mide en hashes por segundo, y es un indicador de la potencia y la seguridad de la red.

HODL

Una estrategia de inversión en criptomonedas que implica mantener los activos a largo plazo, sin importar las fluctuaciones del mercado. También conocido como un acrónimo de "Hold On for Dear Life".

ICO (Initial Coin Offering)

Un método de recaudación de fondos en el que una nueva criptomoneda se vende al público, a menudo a cambio de otras criptomonedas importantes, principalmente Bitcoin o Ethereum. Es similar a una oferta pública inicial en el mundo de las acciones.

Ledger

Un registro que conserva la información de todas las transacciones realizadas en una red de blockchain. Puede ser público o privado dependiendo de la configuración de la red.

Liquidity (Liquidez)

La capacidad y facilidad con las que los activos o valores pueden ser convertidos en efectivo o intercambiados sin afectar significativamente su precio.

 Mining (Minado)

El proceso de utilizar la potencia de cálculo para procesar transacciones, asegurar la red y crear nuevos bloques en la blockchain. Los participantes (mineros) son recompensados con criptomonedas recién acuñadas.

 Node (Nodo)

Un punto de conexión o reproducción en una red blockchain que contiene una copia del ledger y/o procesa transacciones. Los nodos son fundamentales para el funcionamiento de la red de criptomonedas ya que aseguran la veracidad de las transacciones y la descentralización de la red.

 Paper Wallet (Billetera de Papel)

Un documento físico que contiene las claves públicas y privadas para administrar criptomonedas. Es una forma de almacenamiento en frío y se considera una de las formas más seguras de mantener seguras las criptomonedas frente a hackeos.

 Peer-to-Peer (P2P)

Una red descentralizada en la que dos individuos interactúan directamente sin necesidad de un intermediario, lo que permite transacciones y compartición de archivos. En el caso de criptomonedas, significa que los usuarios pueden enviar y recibir pagos sin la necesidad de bancos.

 Private Key (Clave Privada)

Una secuencia compleja y segura de números y letras que permite al propietario de criptomonedas acceder y administrar sus activos digitales. La clave privada nunca debe ser compartida, ya que concede control total sobre las criptomonedas asociadas.

Public Key (Clave Pública)

Un número generado criptográficamente que está vinculado a una clave privada. La clave pública se utiliza para recibir transacciones y es comparable a un número de cuenta bancaria público, pero para activos digitales.

Satoshi

La unidad más pequeña de Bitcoin que puede ser registrada en la blockchain, nombrada en honor al creador anónimo de Bitcoin, Satoshi Nakamoto. Un Satoshi equivale a una centésima millonésima de un Bitcoin (0,00000001 BTC).

Smart Contract (Contrato Inteligente)

Un contrato autoejecutable con los términos del acuerdo entre comprador y vendedor directamente escritos en líneas de código. Este código y los acuerdos contenidos en él existen a lo largo de una red de blockchain distribuida.

Token

Una representación de un activo o utilidad en una cadena de bloques, que a menudo es intercambiable y puede tener valor. Los tokens pueden representar activos como medios de intercambio, puntos en sistemas de lealtad, o incluso acciones en una empresa.

Wallet (Billetera)

Un software o hardware que permite a los usuarios almacenar y llevar a cabo transacciones con criptomonedas. Existen diferentes tipos de billeteras que ofrecen diversos niveles de seguridad y accesibilidad.

Este glosario cubre algunos de los términos más esenciales y comunes utilizados en el mundo de las criptomonedas y la tecnología blockchain, proporcionando una base para comprender mejor las funcionalidades y la mecánica de esta nueva era de la economía digital.

El nuevo resurgir de la economía digital está indisolublemente ligado a una serie de recursos adicionales que proporcionan a emprendedores, inversores y entusiastas de la tecnología la información vital que necesitan para mantenerse actualizados y tomar decisiones informadas. Estos recursos, en forma de blogs, foros y plataformas educativas, no solo son sumamente valiosos, sino que también son una prueba de la vitalidad y constante evolución de la economía en internet.

Blogs son esenciales para mantenerse al día con las últimas noticias e ideas en el mundo de la economía digital. Un blog bien establecido puede ofrecer análisis detallados, entrevistas con figuras clave, y perspectivas que no se encuentran en fuentes de noticias tradicionales. Estos pueden especializarse en distintos ámbitos como las criptomonedas, blockchain, fintech o banca digital. Algunos blogs son dirigidos por individuos expertos en el tema, mientras que otros son la voz colectiva de una organización o comunidad.

Los foros son la esencia de la comunidad digital. Proporcionan un espacio para que los entusiastas y profesionales discutan sobre tendencias, compartan consejos y resuelvan problemas. En estos foros, las preguntas son respondidas, las innovaciones son discutidas y las predicciones son hechas. Son espacios democráticos donde la experienca del usuario veterano se mezcla con la energía del novato curioso. Los hilos de discusión en un foro pueden trazar el desarrollo de una nueva tecnología desde su nacimiento hasta su aceptación masiva.

Las plataformas educativas han surgido como recursos indispensables para aquellos que buscan entender el complejo mundo de la economía digital. Ofrecen cursos, seminarios, y talleres que van desde introducciones básicas hasta exploraciones técnicas profundas. Los dedicados a la economía digital abarcan una amplia gama de temas, desde cómo comerciar con criptomonedas hasta la programación de contratos inteligentes en blockchain, y desde las implicaciones de las tecnologías de registro distribuido (DLT) hasta el cumplimiento de la normativa y las mejores prácticas en banca digital.

Dentro de los blogs más notables se encuentran "CryptoInformer", el cual ofrece actualizaciones y previsores análisis sobre las últimas tendencias en criptomonedas; "Blockonomi", que cubre todas las facetas de la blockchain; y "Fintech Futures", que no solo reporta las últimas noticias en tecnologías financieras sino también proporciona informes profundos y opinión de expertos. Estos blogs brindan puntos de encuentro virtuales donde conocimiento práctico y visión futurista coexisten para educar e inspirar.

En el mundo de los foros, "BitcoinTalk" es uno de los más antiguos y establecidos foros de criptomonedas en la web, es un hervidero de actividad y discusión técnica. "CryptoCompare" ofrece una combinación de discusiones de criptomonedas y un compendio de datos de mercado, mientras que "FinTech Forum" se concentra en debates sobre tecnología financiera y presenta una gama de perspectivas de lideres en la industria y startups.

Plataformas educativas como "Coursera" y "edX" ofrecen cursos en colaboración con universidades de renombre que abarcan desde los fundamentos de la economía digital hasta especializaciones técnicas. "Udemy" y "Khan Academy" son otros ejemplos populares donde estudiantes pueden aprender a su propio ritmo sobre criptografía, software blockchain y la teoría económica detrás de monedas digitales.

Además de estos, existen recursos híbridos que combinan las características de blogs, foros y plataformas educativas. "Coin Academy" y "Blockgeeks" ofrecen un rango de artículos educativos y cursos interactivos, proporcionando a los usuarios una experiencia de aprendizaje integral y a la vez actualizada. "Cointelegraph Academy" y "Binance Academy" vinculan directamente el aprendizaje con plataformas de trading, permitiendo que los usuarios pongan en práctica lo aprendido sobre el terreno del mercado real.

“Aprende a repetir”.
<u>G.I.L.A</u>

Este texto se ha generado en parte con LICENCIA API GPT-4 PLUS, el modelo de generación de lenguaje mejorado de OpenAI.

www.ingramcontent.com/pod-product-compliance
Lightning Source LLC
Chambersburg PA
CBHW060054260726
48658CB00004B/1290